Een Koers Uitzetten voor Bewust Ondernemen

HOLISTISCHE IMPACT
De Ubuntu Polder Reis

Bruno Olierhoek

LOF VOOR BRUNO OLIERHOEK

"Unleashing Conscious Leadership" is een boeiende verkenning van ethisch leiderschap door de ogen van Bruno Olierhoek. Dit inspirerende verhaal onthult de transformerende kracht van het integreren van doelgerichtheid en verantwoordelijkheid in het bedrijfsleven. Een must-read voor toekomstige leiders die zich inzetten voor een positieve impact op de wereld."

Martin Lindstrom, *New York Times* bestsellerauteur van *Buyology* en *Ministry of Common Sense*

"Bruno's onvermoeibare toewijding aan holistische impact sluit nauw aan bij mijn eigen inzet voor circulariteit. Na samenwerking aan projecten die het Ubuntu Polder Framework tot leven brachten, kan ik getuigen van de transformerende kracht van zijn aanpak. Een must-read voor alle doeners die streven naar een betekenisvol verschil in de wereld."

Professor Gunter Pauli, ondernemer, econoom en auteur van talrijke boeken, waaronder het baanbrekende werk *The Blue Economy; 10 Years, 100 Innovations, 100 Million Jobs*

"Bruno daagt ons uit om met een doel te leiden, los te breken van conventionele grenzen en moed te tonen in onze complexe en snel veranderende wereld."

Paul Polman, bedrijfsleider, activist en co-auteur van *Net Positive: How Courageous Companies Thrive by Giving More Than They Take*

"Na Bruno in actie te hebben gezien, kan ik getuigen van de transformerende impact van zijn aanpak zoals beschreven in Holistic Impact: The Ubuntu Polder Journey. Dit boek biedt waardevolle inzichten uit praktijkervaringen en begeleidt leiders bij het navigeren door de complexiteit van het bedrijfsleven met doelgerichtheid en daadkracht."

Nandu Nandkishore, voormalig Global CEO Nestlé Nutrition, Mentor Kapitalist, Bijzonder Hoogleraar aan de Indian School of Business, co-auteur van *The Dance of Disruption and Creation: Epochal Change* en *Opportunity for Enterprise*

VOORWOORD

Het schrijven van een boekintroductie is een evenwichtsoefening tussen het boeien van de lezer en niet te veel van het verhaal onthullen. Ik had het voorrecht een van de eerste lezers te zijn, en ik wil graag mijn eerste indruk delen. *Holistische Impact* is een fascinerende persoonlijke reis van zelfontdekking, waarin Bruno reflecteert op zijn carrière als bedrijfsleider. Mijn eerste reactie, na het lezen van slechts enkele hoofdstukken, was dat dit boek de ESG-versie is van "Zen and the art of motorcycle maintenance". Andere inhoud, vergelijkbare reis.

In zijn boek, *Holistic Impact*, deelt Bruno zijn persoonlijke reis, levenservaring en de filosofie die hij heeft ontwikkeld. Er zijn twee pijlers: Ubuntu – het bevoordelen van een gemeenschap en ecosysteem in plaats van nauw eigenbelang; en Polder – het vinden van pragmatische oplossingen in plaats van overmatig nadenken. Maar ik laat het aan de lezer over om de details te ontdekken.

Een beetje context. Ik ontmoette Bruno voor het eerst in 2008 toen hij deelnam aan het Program for Executive Development aan de IMD Business School. Het feit dat hij door Nestlé werd gesponsord voor dit tien weken durende programma was een duidelijke indicatie van zijn hoge potentieel binnen het bedrijf.

In het programma viel Bruno op vele manieren op, maar de misschien wel meest opmerkelijke prestatie was dat hij in beide modules door zijn medestudenten werd gekozen als meest waardevolle deelnemer.

Na het programma begon Bruno aan een carrière die zich uitstrekte over enkele van de meest uitdagende frontiermarkten in Afrika en Azië. Onafhankelijk daarvan ontwikkelde ik een sterke interesse in bedrijfsontwikkeling in Afrika, vooral gerelateerd aan de uitdaging om de basis van de piramide (zeer arme consumenten) te bedienen. We kwamen weer samen toen Bruno CEO & Chairman werd van Nestlé's regio Zuid- en Oost-Afrika, eerst in Zimbabwe en later in Kenia, met vele samenwerkingen en verhelderende discussies als gevolg.

Zakendoen voor het algemeen belang in opkomende landen vereist creativiteit, lokale kennis en het vermogen om onorthodoxe maar pragmatische oplossingen te vinden voor complexe uitdagingen. Nog belangrijker is het tonen van authentiek leiderschap bij de implementatie ervan. Bruno toont dit alles, beginnend met een oprechte interesse in het verkennen van en verbinden met de essentie van elk land. Een voorbeeld hiervan is zijn passie voor fotografie, die zijn vermogen om een unieke en inclusieve leiderschapsstijl voor te stellen heeft verrijkt. Deze aanpak werd erkend met het winnen van de Conscious Companies Award.

Holistic Impact biedt een innovatief en belangrijk perspectief op zakendoen voor een hoger doel en is zeer aangenaam om te lezen.

Leif Sjöblom

Professor Financieel Management

IMD Business School, Zwitserland

INHOUDSOPGAVE

HOOFDSTUK 1: INTRODUCTIE: HET ONTKETENEN VAN BEWUST LEIDERSCHAP

DE WEG VRIJMAKEN VOOR TRANSFORMATIE

n het levendige landschap van bedrijfsleven en leiderschap bestaat er een innovatief initiatief dat de wegbereiders van bewust ethisch leiderschap en hun organisaties in de schijnwerpers zet. Het is de jaarlijkse Conscious Companies Award in Zuid-Afrika - een gekoesterde onderscheiding die visionair leiderschap eert en respecteert. Deze leiders begrijpen de diepgaande betekenis van bewust leiderschap als een levensstijl, zowel in de zakelijke wereld als in de bredere samenleving. Het zijn individuen wiens essentie, doel, menselijkheid en verantwoordelijkheidsgevoel door hun organisaties golven en een transformerende impact creëren.

Ik herinner me nog levendig het moment waarop Saint Francis, ons hoofd bedrijfszaken, mijn kantoor binnenkwam met een verrassende mededeling: ik was genomineerd voor de Conscious Companies Leadership Award. Het kwam onverwachts, maar het raakte een gevoelige snaar diep in mij. Het onderwerp van bewust leiderschap lag me na aan het hart, en de gerespecteerde jury, onder leiding van de eerwaarde rechter Professor Mervyn E. King, maakte het des te intrigerender. Toen ik groen licht gaf

1

voor het proces, begon de reis met een stortvloed aan documentatie over ons bedrijf en de evolutie ervan door de jaren heen. Dit werd gevolgd door openhartige telefonische interviews en gesprekken voor de camera. Geen ingestudeerde antwoorden, slechts een ongefilterd perspectief op leiderschap en bedrijfsbestuur.

Enkele maanden na het begin van deze transformerende odyssee ontving ik een uitnodiging voor de Conscious Companies 2021 Awards-avond. Gezeten aan tafel nummer één, in het hart van Melrose Arch, Rosebank, Zuid-Afrika, was ik omringd door fascinerende personen. De avond ontvouwde zich als een tapijt van inspirerende verhalen, met leiders die niet alleen binnen hun organisaties maar ook in de gemeenschappen en samenlevingen die zij raakten een onuitwisbare indruk hadden achtergelaten – leiders die bewust het bedrijfsleven menselijker maakten.

En toen kwam het moment van de waarheid: "En de winnaar is... Bruno Olierhoek, komt u alstublieft naar het podium."

Het was een trots moment, niet alleen voor mij maar voor mijn hele team, van wie velen het evenement online volgden. De felle lichten schenen op ons, maar wat het meest verhelderend was, was de aanblik van Zuid-Afrikaanse leiders die opstonden en applaudisseerden voor de boodschap van bewust leiderschap. Het was een moment dat tijd nodig had om volledig tot me door te dringen.

Dagen later toen ik nadacht over deze prestatie, besefte ik dat hoewel bewustzijn en bewust leiderschap algemeen erkende termen zijn, weinigen van ons diep zijn ingegaan op hun diepgaande implicaties. Dus, ik had gewonnen, en daarmee een plaats in de Conscious Companies Council; een oprechte eer. Ik was nu klaar om bij te dragen aan het nobele doel om bewustzijn in de wereld te verspreiden. Daarvoor had ik antwoorden nodig op fundamentele vragen: Wat is bewustzijn? Wat is mijn rol daarin? Hoe bewust ben ik als leider geweest, en hoe kan ik mijn reis als bewust leider voortzetten? Deze vragen borrelden in mij op, wat leidde tot een toestroom van vragen: Waarom wordt bewustzijn niet beter begrepen? Waarom is het geen prominenter onderwerp in de zakenwereld? Waarom lijkt het soms vaag terwijl het dat in werkelijkheid niet is?

Als nieuwste lid van de Conscious Companies Council werd ik uitgenodigd om te spreken op de Annual Conscious Leadership Summit in 2022. Deze gelegenheid dwong mij om mijn gedachten over bewust leiderschap in een beknopt format te kristalliseren. Mijn toegewezen tien minuten werden een springplank voor diepgaande discussies, wat de vonk ontstak die uiteindelijk zou leiden tot dit boek.

Tijdens het schrijven ontdekte ik dat mijn gedrevenheid en motivatie altijd verder gingen dan de grenzen van organisatorische doelstellingen. Ik heb de middelen van het bedrijf ingezet voor een persoonlijk doel dat aansluit bij het grotere doel van de organisatie. Ik ben intrinsiek gemotiveerd om niet alleen een positieve impact te maken voor het bedrijf, maar ook voor de wereld in het algemeen. Deze intrinsieke motivatie weerspiegelt de geest die ik waarneem bij de jeugd van vandaag, de volgende generatie leiders. Zij hongeren naar kennis en zijn vastbesloten om actie te ondernemen om de wereld vorm te geven. Dit boek is voornamelijk bedoeld voor deze vooruitstrevende leiders.

Voor mij zijn het zakendoen en mijn carrière als internationale expat altijd een middel om een doel te bereiken geweest, een reis om de diversiteit van de wereld te verkennen. Elk land, met zijn eigen unieke sterren, landschappen, wilde dieren, eten, cultuur en perspectieven, heeft mij in staat gesteld om voortdurend mijn identiteit en de wereld te bevragen. Het heeft mij geïnspireerd om "de wereld te proeven", om mijzelf volledig onder te dompelen, om bewust te ervaren en te leven, om in het nu te zijn, om vriendelijk te zijn en om goed te doen. Werken als expat bij een multinational met een nobel doel sloot perfect aan bij dit streven. Door de jaren heen heb ik ernaar gestreefd om elke kans aan te grijpen om het leven te omarmen en het maximale uit de bezienswaardigheden en ervaringen te halen.

Ik ben altijd een actief en ondernemend persoon geweest, zowel in mijn professionele als persoonlijke leven. Mijn drijvende kracht is om de wereld actief te verkennen, dingen te laten gebeuren en positief bij te dragen aan maatschappelijke uitdagingen. Dit heeft mij geleid naar initiatieven met betekenisvolle impact en potentieel voor wereldwijde schaalbaarheid. Als internationaal bestuurder heb ik het voorrecht gehad om in diverse markten in Azië, Europa en Afrika te werken. Ik heb gediend als Voorzitter en CEO van Nestlé voor de Oost- en Zuidelijk Afrika Regio (ESAR) en als CEO van Nestlé Pakistan. Mijn reis in Pakistan omvatte de rol van President van de Overseas Investors Chamber of Commerce & Industry, waar ik 191 internationale bedrijven uit 35 landen vertegenwoordigde. Gedurende mijn carrière ben ik ondergedompeld geweest in de veelzijdige wereld van zakendoen en leiderschap, waarbij ik consequent streefde naar blijvende verandering.

In mijn streven naar een holistische impact heb ik me verdiept in unieke bedrijfsmodellen en initiatieven, met als doel niet alleen het bedrijf maar ook gemeenschappen en de planeet te ondersteunen. Initiatieven zoals RE2AL (Realizing Empowered and Enabled African Livelihoods), ZiWeb (Zimbabwe Women Empowered in Business), en het gebruik van koffiedik voor het kweken van oesterzwammen zijn voorbeelden die laten zien hoe het bedrijfsleven een kracht voor het goede kan zijn. Deze initiatieven kregen erkenning en media-aandacht, maar ze waren het resultaat van een lange en transformerende reis – een reis die ik graag wil delen. Het heeft mij geleid naar een manier van zakendoen die resulteert in een echt win-win-win scenario: een overwinning voor het bedrijf, een overwinning voor gemeenschappen en een overwinning voor de planeet.

Twijfel en onzekerheid zijn constanten in het leven, en ik heb er mijn deel van gehad. Deze momenten van aarzeling kunnen vooral intens zijn tijdens de tienerjaren. Momenteel heb ik zelf drie tieners, en ik heb hen altijd aangemoedigd om deze momenten te omarmen. Vroeg in mijn leven nam ik de gewoonte aan om mezelf en mijn familie elke drie tot vijf jaar te ontwortelen, waarbij we over continenten reisden van Europa naar Zuidoost-Azië, terug naar Europa, naar Centraal-Afrika, naar Zuid-Azië, naar Zuidelijk en Oost-Afrika en uiteindelijk naar onze huidige basis in de VAE in het Midden-Oosten. Deze ervaringen zijn een zegen geweest, die niet alleen het wereldbeeld van mijn familie hebben gevormd, maar ook patronen in het leven hebben onthuld. Ze hebben mij in staat gesteld om een model te creëren voor holistische impact, dat waarde genereert voor aandeelhouders, banen creëert, gemeenschappen verheft en tegelijkertijd de natuur herstelt.

De gedachte komt vaak op: Is er werkelijk iets nieuws onder de zon? Jarenlang worstelde ik met het idee van origineel denken en aarzelde ik om een boek te schrijven. Toen stuitte ik op een krachtig idee - dat alle kunst diefstal is, zoals Pablo Picasso het verwoordde. Dit concept bevrijdde mij om mijn gedachten en perspectieven vrijer te delen. In dit boek streef ik ernaar om te reflecteren op mijn verleden, mijn leermomenten te destilleren, licht te werpen op de uitdagingen van de wereld, en gesprekken aan te gaan over de toekomst terwijl ik geworteld blijf in het heden.

In een recent interview werd mij gevraagd: "Wat is het belangrijkste te weten waarvan u wenst dat iemand het u had verteld toen u begon?" Mijn antwoord was eenvoudig: "U moet leren het Universum te vertrouwen."

Een gesprek met Brenda Kali, de CEO van Conscious Company, heeft mij verder aangezet tot het schrijven van dit boek. Het was een enorme uitdaging, maar ik heb besloten mijn eigen advies op te volgen en het Universum te vertrouwen. Kierkegaard merkte terecht op: "durven is het risico lopen je evenwicht te verliezen, niet durven is het risico lopen jezelf te verliezen."

Er stonden altijd twee dingen op mijn verlanglijstje die ik maar bleef uitstellen: een boek schrijven en een website maken voor mijn fotografie. In de loop der jaren heb ik een enorme verzameling foto's opgebouwd die de wereld in al haar kleuren en vormen laat zien. Waar schrijven soms voelt als het dwalen met woorden, hebben foto's een bijzondere gave om een verhaal te vertellen dat iedereen op zijn eigen manier kan begrijpen. Foto's spreken eigenlijk een taal die veel ruimte laat voor eigen invulling. Boeken weerspiegelen vaak de visie van de schrijver en bieden minder ruimte voor andere perspectieven. De vrijheid die beelden bieden heeft mij altijd meer aangesproken, zonder de beperkingen die woorden soms kunnen hebben.

Mijn standvastige nieuwsgierigheid, mijn honger naar kennis en mijn natuurlijke neiging tot verkenning hebben mij gebracht waar ik nu sta. Het Universum heeft mijn reis georkestreerd en mij precies daar geplaatst waar ik moet zijn.

Mijn levenspad is bepalend geweest voor wie ik ben geworden. Terwijl de wereld worstelt met talloze uitdagingen, blijf ik dankbaar voor de kans om te ontdekken, te ervaren en er deel van uit te maken. Deze ervaringen hebben een innerlijk kompas gevormd dat mijn keuzes stuurt, hoe chaotisch het leven ook kan zijn. Het is geen dogmatische doelstelling maar een gevoel dat dient als mijn gids. Meer dan ooit ben ik begonnen naar mijn lichaam te luisteren, om mijn instincten en gevoel te vertrouwen, net zoveel als mijn intellect en verstand.

Voordat we dieper ingaan, wil ik erkennen dat terwijl ik dit boek schreef en terugkeek op mijn leven, het soms kan lijken alsof ik altijd duidelijk was over mijn pad. Er bestaat echter een fascinerend concept genaamd de illusie van continuïteit, dat benadrukt dat we niet echt weten wat onze toekomstige zelf verlangt. Met dit dilemma in gedachten, onderschrijf ik drie adviezen: Wees Nieuwsgierig, Blijf Bescheiden in uw communicatie, en Wees Moedig in uw streven. Deze hebben de kracht om uw toekomstige zelf te vormen en u te helpen zich aan te passen naarmate u ouder wordt en meer levenservaring opdoet.

Na bijna drie decennia in het bedrijfsleven blijf ik geloven in de kracht van het bedrijfsleven als een positieve kracht. Echter, niet alle leiderschapsteams en CEO's weten waar of hoe ze moeten beginnen om een meer bewust bedrijf te worden. Daarom besloot ik, na mijn ervaringen als internationale expat op verschillende continenten, dat het tijd was om mijn energie en passie te richten op het opzetten van mijn consultancy- en adviesbedrijf in Dubai, genaamd Ubuntu. Mijn missie was duidelijk: leiderschapsteams en CEO's ondersteunen bij het beginnen van een holistische bedrijfstransformatie, waarbij digitalisering, duurzaamheid, circulariteit en ESG-principes centraal staan in hun bedrijfsmodellen. Ik geloof dat mijn ervaring en levensreis, zoals vastgelegd in dit boek, een katalysator kunnen zijn voor verandering die een WIN-WIN-WIN creëert voor bedrijven, gemeenschappen en de planeet.

HOOFDSTUK 2: DE URGENTIE VAN VERANDERING: NAVIGEREN DOOR DUURZAME TRANSFORMATIE

KRITISCHE OBSERVATIES EN WAKE-UP CALLS

Onze wereld balanceert op de rand van transformatie, waar vooruitgang en crisis elkaar kruisen. In deze tijd van urgente veranderingen klinkt de roep om actie luid en duidelijk. De oude paradigma's brokkelen af, hun fundamenten verzwakt door de onverbiddelijke mars van de tijd en de echo's van een planeet die hunkert naar vernieuwing. We bevinden ons op een kruispunt in de geschiedenis, waar de keuzes die we maken door generaties heen zullen resoneren en niet alleen onze ondernemingen maar het hele wezen van onze wereld zullen hervormen.

In een wereld van zelfgenoegzaamheid, waar achterhaalde dogma's en niet-duurzame praktijken voortleven, worden we geconfronteerd met een harde waarheid: het "vertrouwde patroon van zakendoen" model, geworteld in de exploitatie van eindige bronnen voor oneindige groei (en steeds hogere winstmargeverwachtingen), is een ideologie uit het verleden. Het is een model dat, in zijn streven naar winst boven alles, de zaden heeft gezaaid van milieuvernietiging, sociale ongelijkheid en moreel verval. De tijd is gekomen om dit verouderde concept te overstijgen en een nieuwe visie te omarmen - een visie die geworteld is in de diepgaande verbondenheid van onze wereld, een visie die de symbiotische relatie tussen bedrijven en samenleving erkent, en een visie die eerbied heeft voor de ecosystemen waarvan ons voortbestaan afhankelijk is.

Dit is een oproep tot actie, een dringende roep om verandering en om de principes van Ubuntu: de basis voor een nieuw paradigma dat ik "het Ubuntu Polder Framework" noem. Ubuntu, een Zuid-Afrikaanse filosofie die de grenzen van geloof en huidskleur overstijgt, leert ons dat "ik ben omdat wij zijn." Het laat zien dat we onlosmakelijk met elkaar verbonden zijn en dat onze levens met elkaar verweven zijn. Het Ubuntu Polder Framework wijst ons de weg naar de toekomst - het is een aanpak die ons aanmoedigt om samen te werken, om te begrijpen hoe we allemaal met elkaar verbonden zijn, en om waarde te scheppen voor iedereen die erbij betrokken is. Tegelijkertijd zorgt het voor nieuwe banen en helpt het de natuur te herstellen.

De kern van dit model ligt in de overtuiging dat bedrijven de oplossing moeten worden voor maatschappelijke behoeften, waarbij hun beloningen intrinsiek verbonden zijn aan hun bijdragen. Het is een breuk met het oude paradigma waarin winst het doel overschaduwde, waar succes vaak ten koste ging van het welzijn van de wereld. Het Ubuntu Polder Framework luidt een nieuw tijdperk in van zakendoen - een gouden eeuw van bewust leiderschap en een toewijding om niemand achter te laten.

Maar dit is niet slechts een verheven ideaal; het is een paradigma dat ik heb geleefd en beleefd. Gedurende 27 jaar navigeerde ik door de complexe wereld van het bedrijfsleven, tussen continenten en culturen, waarbij ik zelf dit model probeerde in te voeren. Holistische bedrijfstransformatie is geen abstracte theorie—het is een realiteit die ik heb gezien, een reis die ik heb ondernomen, en een ethos waarvan ik heb gezien dat het opmerkelijke resultaten oplevert. Van upstream ondernemingen tot midstream initiatieven en downstream projecten, het Ubuntu Polder Framework heeft zijn veelzijdigheid en aanpassingsvermogen bewezen, en aangetoond dat het industrieën, sectoren en grenzen kan overstijgen.

Dit boek is niet zomaar een verhaal—het is een manifest voor verandering, een getuigenis van de overtuiging dat het bedrijfsleven een kracht is voor het goede. Samen zullen we de kernprincipes van het Ubuntu Polder Framework en de toepassing ervan in verschillende contexten verkennen. We zullen ons verdiepen in praktijkvoorbeelden en diepgaande inzichten, en de mechanismen blootleggen waarmee bedrijven kunnen fungeren als katalysatoren voor transformatie.

De reis die voor ons ligt is gedurfd, ambitieus en bovenal onmisbaar. De tijd voor verandering is nu, en dit is onze oproep tot actie. Laten we, terwijl we aan deze ontdekkingsreis beginnen, de woorden van Margaret Mead in gedachten houden: "Twijfel er nooit aan dat een kleine groep bedachtzame, toegewijde burgers de wereld kan veranderen; het is zelfs het enige dat ooit heeft gewerkt." Wij zijn die burgers, en verandering is onze roeping. Laten we de eerste stap zetten naar de toekomst die we voor ogen hebben, een toekomst waarin het bedrijfsleven in harmonie is met de samenleving, een toekomst waarin Ubuntu heerst.

De Problemen met Eigen Ogen Zien

Tijdens mijn internationale ervaringen werd ik ooggetuige van dringende, grensoverschrijdende kwesties. Dit deel beschrijft de directe ontmoetingen met de uitdagingen die onze aandacht vereisen—sociale ongelijkheid, milieuschade, en het onhoudbare ambitie naar groei. Het is een indringende verkenning van de realiteit die de urgentie voor transformatieve actie voedt.

Voor sommigen is het gewone buitengewoon; voor anderen is het exotisch. Mijn reis, vaak vastgelegd door de lens van mijn telefoon als een eenvoudige camera, is er een die grenzen overschrijdt en verwachtingen tart. Het is een reis geworteld in de overtuiging dat verandering begint met perceptie, dat de wereld niet zo beperkt is als we misschien denken.

Toen ik aan mijn leven als internationale expat begon, werd ik bij elke stap in een nieuw land geconfronteerd met een stortvloed aan goedbedoelde maar naïeve waarschuwingen. "Ga niet naar Indonesië, het is overbevolkt en vatbaar voor geweld," zeiden ze. "Vermijd Vietnam; de schaduw van Agent Orange hangt er nog steeds en het land is nog niet volledig ontmijnd." "De Filipijnen worden geteisterd door staatsgrepen en ontvoeringen." "Kameroen, het hart van Afrika, zit vol ziektes en ellende." "Pakistan zit vol terroristen," waarschuwden ze. "Zuid-Afrika is een broeinest van criminaliteit."

Deze waarschuwingen weerspiegelden een vertekend wereldbeeld, gevormd door de media en in stand gehouden door de beperkte ervaringen van velen. Ons brein, altijd gericht op energiebesparing, leunt vaak op simplistische stereotypen. Dit fenomeen werd mij duidelijk tijdens mijn universiteitsjaren toen ik betrokken was bij de viering van het 50-jarig bestaan van de VN.

Als vertegenwoordiger van mijn universiteit voegde ik mij bij studenten uit heel Europa in Genève voor een week van bezoeken aan VN-organisaties en discussies over de toekomst. Toen de week ten einde liep, verzamelden we in de algemene vergaderzaal en werd ons gevraagd: "Wat is uw belofte om de wereld een betere plek te maken?" Velen deden grootse beloften om honger te beëindigen of slavernij af te schaffen, ongetwijfeld nobele ambities. Maar ik kon niet anders dan nadenken over de concrete acties die nodig zouden zijn om deze verheven doelen te bereiken. Bij mijn beurt beloofde ik te werken in ontwikkelingslanden, met een tastbare impact door vriendelijkheid binnen mijn huishouden, gemeenschap en werkkring. Die belofte is bij mij gebleven, als het licht op mijn pad.

Mijn toewijding aan het bedrijfsleven draaide nooit alleen om winst, maar om goed doen, een blijvende nalatenschap achterlaten en mijn tijd op aarde optimaal benutten. Mijn carrière bij Nestlé, die begon op de jonge leeftijd van 18 jaar, bracht mij over de hele wereld, waarbij ik steeds meer verantwoordelijkheden op mij nam. Ik doorliep verschillende functies, wat uiteindelijk leidde tot persoonlijke P&L-verantwoordelijkheid sinds 2005. Ik nam de rol van CEO op mij in markten van verschillende omvang, en in mijn laatste vier en een half jaar gaf ik leiding aan een regio die 23 landen en 8 fabrieken omvatte.

Mijn ethos draait nu om holistische impact—waar solide financiële resultaten samengaan met de ontwikkeling van mensen, ten voordele van gemeenschappen en onze planeet. In dit boek zal ik de oorsprong van dit ethos ontvouwen, de praktische toepassingen ervan in mijn leven en werk, en de dwingende overtuiging dat we niet werkeloos kunnen blijven zitten, wachtend op wonderbaarlijke oplossingen. In plaats daarvan moeten we elk praktische stappen in de juiste richting zetten.

In mijn jaren waarin ik op verschillende continenten heb gewoond, ben ik een directe getuige geweest van de mondiale problemen waarover in de media vaak abstract wordt gesproken. Het is mij duidelijk dat de wereld een diepgaande bewustwording nodig heeft—een wake-up call voor de tijdbommen die we hebben gecreëerd. Toch heb ik, geconfronteerd met deze ogenschijnlijk onoverkomelijke dilemma's, ook gezien dat er oplossingen bestaan. Binnen mijn invloedssfeer heb ik initiatieven geïmplementeerd die verbazingwekkende resultaten opleverden—resultaten die ten goede komen aan onze gemeenschappen, ons milieu en de essentie van het zakendoen.

De heersende mentaliteit van modern bedrijfsleiderschap fixeert zich op winst ten koste van gemeenschappen en het milieu. Tijdens mijn persoonlijke reis ontdekte ik dat winst en positieve impact met het juiste perspectief hand in hand kunnen gaan. In de volgende pagina's zullen we onderzoeken hoe deze paradigmaverschuiving niet alleen haalbaar maar ook noodzakelijk is, en hoe we een nieuw model van zakendoen kunnen omarmen dat winst harmonieert met maatschappelijk welzijn.

Een Collectief Verlangen naar Verandering

Te midden van het wereldwijde tapijt van diverse culturen en landschappen ontstaat een collectief verlangen naar verandering. Dit deel versterkt de stemmen van individuen en gemeenschappen over de hele wereld die een gemeenschappelijk verlangen delen naar een duurzamere en rechtvaardigere toekomst. Het getuigt van gedeelde aspiraties. die ons verbinden in de zoektocht naar betekenisvolle transformatie.

Talloze gesprekken met jonge leiders, een nieuwe generatie vol energie en passie, hebben mij een uniek inzicht gegeven in hun vurige verlangen naar verandering. Ik heb het voorrecht gehad om veel van deze opkomende leiders te mogen mentoren, zowel binnen de organisaties waar ik voor heb gewerkt als onder de visionaire ondernemers met wie ik heb samengewerkt.

Mijn rol als gastprofessor aan de IMD Business School bracht mij in contact met briljante geesten die ernaar verlangen de wereld opnieuw vorm te geven. Gedurende mijn 28-jarige carrière in het bedrijfsleven en mijn betrokkenheid bij de Young Presidents Organization (YPO), waar ik in contact kwam met CEO's, ambassadeurs, ministers en zelfs staatshoofden, loopt er één gemeenschappelijke draad door al deze interacties: het collectieve besef dat de wereld op een kruispunt staat, en de roep om verandering weerklinkt in onze harten en gedachten.

In deze uiteenlopende ontmoetingen komt een gedeeld sentiment naar voren—een erkenning van de diepgaande problemen waarmee onze planeet wordt geconfronteerd en een oprecht verlangen om deel uit te maken van de oplossing. We staan allemaal op de drempel van verandering, verenigd door een verlangen om de wereld ten goede te hervormen. Toch blijft de

13

weg voorwaarts ongrijpbaar, en frustratie overschaduwt vaak onze aspiraties.

Studies tonen een opvallend generatieverschil in denkwijze. Dit betreft vooral overtuigingen over de haalbaarheid en urgentie van veranderingen. Onder de Gen Y en Z cohorten geeft een opmerkelijke 79% prioriteit aan hun carrièrekeuzes op basis van milieu- en ethische principes. Dit beïnvloedt niet alleen hun werkkeuze, maar ook hun aankoopbeslissingen en voedingsvoorkeuren vloeien eruit voort. De jongere generaties versterken in wezen hun stem door hun keuzes en eisen een wereld die aansluit bij hun waarden.

De wereld waarin we ons vandaag bevinden lijkt stuurloos, zonder duidelijke richting of verenigend leiderschap. Het is een tijd waarin we samen moeten komen om te overleggen hoe we vooruitgaan en ons collectief bewustzijn herontdekken.

Bij elke pagina die we omslaan in de krant of elk nieuwsbericht op onze schermen, worden we overspoeld met steeds alarmerender feiten over de toestand van onze planeet. Vraagt u zich wel eens af hoe groot de uitdagingen van de wereld zijn en hoe u of uw bedrijf kan bijdragen aan de oplossingen voor deze dringende mondiale kwesties?

We zijn ons allemaal scherp bewust van de voelbare onzekerheid die onze tijd kenmerkt, vaak samengevat in het acroniem VUCA —Volatility, Uncertainty, Complexity, en Ambiguity. Deze term, bedacht in 1987, schetst een levendig beeld van het landschap waarin we navigeren. Maar voor elk probleem is er een oplossing, en de wereld verlangt nu naar een VUCA-antwoord: Vision, Understanding, Clarity, en Agility.

Ongetwijfeld is verandering noodzakelijk, maar laten we de positieve kanten te midden van de uitdagingen niet over het hoofd zien. In het boek *Factfulness* ontrafelt Hans Rosling nauwkeurig de realiteit van de wereld, waarbij hij tien overtuigende redenen aanvoert waarom onze percepties ons vaak misleiden, en waarom de zaken in feite beter zijn dan we geneigd zijn te geloven.

Hoewel mensen over de hele wereld langer en gezonder leven, is het onmiskenbaar dat de wereld in een transformatie verkeert. Het zwaartepunt van de mondiale macht is verschoven van de Atlantische naar de Stille en Indische Oceaan, en naarmate de migratie toeneemt, worden minderheden de nieuwe meerderheid. Deze verschuiving, van ruraal naar stedelijk, van het noorden naar het mondiale zuiden, vereist ons vermogen om diversiteit te omarmen. Bovendien worstelen we met de uitdaging van toenemende werkloosheid en een steeds groter wordende welvaartskloof. In de Verenigde Staten bezit de top 0,1% evenveel vermogen als de onderste 90%, en in onze digitaal verbonden wereld is deze ongelijkheid niet langer verborgen; ze is zichtbaar voor iedereen. Dit zijn de zaden van sociale onrust, een duidelijke herinnering dat onze wereld op een kruispunt staat.

Verrassend genoeg was COVID niet de Wake-Up Call

Terwijl de wereld worstelde met de ingrijpende impact van de COVID-19-pandemie, werd het duidelijk dat het signaal tot bewustwording voor transformatie verder ging dan de directe gezondheidscrisis. Verrassend genoeg was het niet alleen de pandemie die de fundamenten deed schudden; deze legde bestaande systemische problemen bloot en verergerde deze. Dit deel ontrafelt de complexiteit van het post-COVID landschap en onthult waarom de noodzaak tot verandering verder gaat dan de directe wake-up call van de pandemie.

In een onverwachte wending bleek de COVID-pandemie niet het diepgaande signaal tot bewustwording te zijn die de wereld dringend nodig heeft. De menselijke neiging naar evenwicht is een krachtige drijfveer, en inderdaad, ons huidige economische model heeft opmerkelijke prestaties geleverd door talloze mensen uit de armoede te tillen. Echter, in de kern vinden we een verontrustende realiteit: de ongebreidelde consumptie van eindige bronnen—energie en materialen—die onze onverzadigbare honger naar eeuwigdurende groei aandrijft.

Dit gedrag wordt voortdurend versterkt doordat we ons succes blijven meten aan de hand van indicatoren zoals het Bruto Binnenlands Product (BBP) en de prestaties van de aandelenmarkt. Maar wat betekent succes precies? Is een stijging van het bbp-synoniem met een toename van het wereldwijde geluk? Talloze studies bevestigen dat boven een bepaalde inkomensdrempel het nastreven van rijkdom ons welzijn niet meer vergroot. Velen van ons hebben deze drempel lang geleden al bereikt, en toch blijven we ons leven compliceren met overbodige bezittingen die geen echte voldoening bieden. De beste dingen in het leven zijn, zoals het oude gezegde luidt, inderdaad gratis, maar de verleiding van materiële bezittingen en status, evenals de zorgen dat we in de toekomst misschien niet genoeg hebben, dwingt ons vaak om meer te verzamelen, in plaats van te geven, delen en anderen te helpen. Tijdens Covid werd dit duidelijk aangetoond door het accumuleren van toiletpapier op individueel niveau en het accumuleren van COVID-vaccins door westerse landen.

Hoewel de COVID-pandemie geen wereldwijde reset veroorzaakte, heeft deze ons waardevolle lessen geleerd. Het benadrukte de kwetsbaarheid van onze samenlevingen en versterkte ons besef van onderlinge afhankelijkheid. Mensen gedijen op verhalen en modellen die hen leiden en verenigen naar een gemeenschappelijk doel. In de recente geschiedenis zijn verschillende modellen getest in onze mondiale samenleving. Terwijl fascisme kwaadaardig was en communisme onpraktisch bleek, heeft ook het kapitalisme nu zijn beperkingen getoond.

De definitie van kapitalisme door het Internationaal Monetair Fonds (IMF) benadrukt het streven naar winst als essentie, naast individualisme. Kapitalisme moedigt individuen aan om in hun economisch eigenbelang te handelen, zich te richten op persoonlijke prestaties en meritocratie te bevorderen. Het stelt dat individualistisch kapitalisme de economische ontwikkeling bevordert door goed bestuur te stimuleren.

De praktische toepassing van het kapitalisme wijkt echter vaak af van het ideaal. Veel bedrijven meten hun succes voornamelijk af aan aandelenkoersen, waardoor ze zich onderwerpen aan de onophoudelijke druk om te groeien. Het is echter wiskundig onwaarschijnlijk om eindige hulpbronnen te blijven uitputten voor oneindige groei.

Nate Hagens merkt scherpzinnig op dat onze economie een onderafdeling is van ons milieu. Het meedogenloze streven naar BBP-groei overschrijdt het draagvermogen van de aarde, wat leidt tot de uitputting van vitale hulpbronnen, zoals landbouwgrond en water, en bijdraagt aan de steeds zichtbaardere klimaatrampen die we dagelijks waarnemen. Maar de weg naar het aanpakken van klimaatverandering en andere mondiale uitdagingen blijft onduidelijk.

In onze collectieve frustratie over de wereldproblemen wijzen sommigen beschuldigend naar bedrijven, vooral multinationale entiteiten. Naomi Klein's *No Logo* is hun manifest geworden. Maar zijn alle bedrijven inherent kwaadaardig?

Volgens Professor Michael Porter is de primaire rol van het bedrijfsleven het creëren van welvaart. Bedrijven bereiken dit door behoeften te identificeren, producten of diensten te produceren en deze met winst te verkopen, die vervolgens wordt geherinvesteerd. We hoeven ons hier niet voor te schamen, want alleen winstgevende bedrijven kunnen belasting afdragen en banen creëren, zowel direct als indirect. Bovendien vereist een bloeiend bedrijf een bloeiende gemeenschap; de twee zijn intrinsiek met elkaar verbonden.

Kwesties zoals klimaatverandering, ongelijkheid en genderbalans domineren regelmatig de krantenkoppen, en terecht. Als gevolg hiervan heeft het bewustzijn van maatschappelijke uitdagingen een ongekend niveau bereikt. Toch worden bedrijven te vaak gezien als deel van het probleem, niet als de oplossing. Deze perceptie moet veranderen en bedrijven moeten ook hun bedrijfsmodel aanpassen en vernieuwen, vooral omdat de jongere generatie op zoek is naar bedrijven met een bredere doelstelling, die verder gaat dan het maximaliseren van aandeelhouderswaarde.

Van oudsher namen zakelijke reacties op maatschappelijke uitdagingen de vorm aan van filantropie, die zich ontwikkelde tot maatschappelijk verantwoord ondernemen, en vervolgens verder evolueerde naar concepten als Creating Shared Value of Net Zero. Tegelijkertijd omarmde de investeringswereld ESG (Environmental, Social, and Governance), wat leidde tot de opkomst van B Corp-certificering.

Deze modellen zijn echter in essentie allemaal variaties op het kapitalisme. Het is tijd om ons perspectief te verschuiven en te erkennen dat maatschappelijke uitdagingen geen externe factoren zijn die overheidsregulering vereisen om actie af te dwingen. Maatschappelijke kosten hangen direct samen met bedrijfskosten. Het aanpakken van maatschappelijke behoeften kan bedrijven een sterkere maatschappelijke betekenis geven.

Als we verder kijken dan individuele bedrijven, moeten we het hele ecosysteem in beschouwing nemen. NGO's belichten de problemen, overheden creëren de infrastructuur voor bedrijven om gedeelde waarde te creëren, en bedrijven, inclusief leveranciers en instellingen, bedenken winstgevende oplossingen om aan deze behoeften te voldoen.

Om bedrijven te laten floreren, hebben ze effectief bestuur nodig, met een evenwichtige raad van bestuur die drie verschillende rollen vervult: aandeelhouders die investeren voor rendement, bestuurders die de belofte van het bedrijf uitdragen, en managers die die belofte tot leven brengen via de dagelijkse activiteiten. In de ogen van de wet is een bedrijf een rechtspersoon, en effectief bedrijfsbestuur draait om het behouden van de juiste balans tussen risico en rendement. Maar de rechtspersoon, een persoon in de ogen van de wet, is levenloos en handelingsonbekwaam. Het is de hoogste leiding van het bedrijf die het geweten vormt.

Daarom moeten managers van een bedrijf zich niet uitsluitend richten op het beheren van de winst- en verliesrekening. In plaats daarvan zouden ze een klantgerichte aanpak moeten hanteren, waarbij financieel succes natuurlijk volgt. Helaas dwingt de druk van Wall Street veel bedrijfsleiders vaak om voorrang te geven aan kortetermijnwinsten boven het aanpakken van maatschappelijke behoeften.

Bedrijven en ondernemingen zijn niet van nature kwaadaardig. In plaats daarvan ontbreekt het ons aan een collectief gevoel van doelgerichtheid en een systematisch stappenplan, wat de samenwerking belemmert die nodig is om wereldwijde problemen aan te pakken. Om deze uitdagingen het hoofd te bieden, moeten we zowel intelligentie als wijsheid benutten. Het kapitalisme heeft onmiskenbaar mondiale vooruitgang gestimuleerd en grote bevolkingsgroepen uit de armoede gehaald. Het worstelt nu echter met zijn inherente beperkingen.

Wat we nodig hebben is een post-groei verlichting, een wereldwijde heroriëntatie. Dit bereiken is geen kleine opgave. Onze wereld functioneert momenteel binnen een complex onderling afhankelijk systeem met wereldwijde toeleveringsketens, die zorgen voor de levering van essentiële goederen, diensten en luxeartikelen die we allemaal verlangen.

Hoewel COVID-19 een onmiskenbare wereldwijde schok veroorzaakte die elke uithoek van de planeet trof, hebben we recentelijk andere verstoringen gezien, zoals de semiconductor crisis en het aanhoudende conflict in Oekraïne. Deze gebeurtenissen onthulden de kwetsbaarheid van onze systemen. Het is belangrijk om een nieuwe weg vooruit uit te stippelen, een die economische groei en welzijn geleidelijk loskoppelt van het uitputtende gebruik van eindige hulpbronnen.

De discussie over de rol van technologie in het oplossen van wereldwijde problemen is veelzijdig, met uiteenlopende meningen over de reikwijdte en effectiviteit ervan. Ik zal deze nuances verder verkennen in dit boek.

Een debat over oplossingen beginnen

Om daadwerkelijk verandering teweeg te brengen, is het niet voldoende om problemen alleen te herkennen; we moeten ook in actie komen. In dit deel pleiten we voor een open gesprek waar iedereen aan mee kan doen. Een plek waar verschillende gezichtspunten elkaar ontmoeten om samen te bepalen hoe we dingen kunnen veranderen. We roepen mensen uit alle hoeken van de samenleving op om mee te praten en over grenzen heen te kijken. Want het gaat er niet alleen om problemen te benoemen, maar juist om met praktische oplossingen te komen die bijdragen aan een betere toekomst.

Terwijl we ons door de urgentie van verandering bewegen, geven deze secties toon voor een diepgaande verkenning van de transformatieve reis die voor ons ligt. Door collectief begrip, gedeelde visie en uitvoerbare oplossingen kunnen we de weg vrijmaken voor een nieuw tijdperk van duurzame bedrijfspraktijken, verankerd in de principes van het Ubuntu Polder Framework.

In onze snel veranderende, onderling verbonden wereld is het noodzakelijk om een wereldwijde dialoog te starten en oplossingen te formuleren voor de diverse uitdagingen waarmee we worden geconfronteerd. We moeten samenkomen, individuen met verschillende achtergronden, om een collectief verhaal vorm te geven dat niet alleen onze leiders stuurt, maar ook het grote publiek inspireert tot gecoördineerde en positieve actie. De urgentie van deze tijd is duidelijk, maar het is belangrijk om een eenvoudig maar krachtig Nederlands gezegde te onthouden: "Nee heb je, ja kun je krijgen." Met dit motto in gedachten ben ik volledig toegewijd aan het deelnemen aan een constructief gesprek, het bijdragen van mijn unieke perspectief aan het verhaal, en het beginnen van een wereldwijde dialoog.

De uitdrukking "Geen woorden maar daden" benadrukt de urgentie van onze tijd. De tijd van onze planeet is beperkt, en de noodzaak tot actie is dringend. Het is vergelijkbaar met het gezegde dat de beste tijd om een boom te planten 20 jaar geleden was, en de op één na beste tijd nu is. Ik omarm dit idee volledig en geloof dat nu het moment is voor mij om deel te nemen aan een wereldwijd gesprek over onze gedeelde toekomst, voordat het te laat is.

Hoewel het lijkt alsof de wereld in chaos verkeert, valt er niet te ontkennen dat er onmiskenbaar iets mis is met ons mondiale sociaal-politiek-economische systeem. De tekenen zijn overal om ons heen, met steeds frequentere economische neergang, politieke conflicten, voedselonzekerheid, migratiecrisis, instorting van ecosystemen, en de bijbehorende menselijke angst en lijden. Verandering is onvermijdelijk naarmate eindige hulpbronnen schaarser worden. Het 'hoe' en 'wanneer' van deze verandering ligt echter binnen onze controle, en ik ben volledig toegewijd om deel uit te maken van de oplossing, door betekenisvolle dialoog aan te gaan en actie te ondernemen.

Een fundamentele vraag in de huidige bedrijfscontext is of goed doen inherent lagere winsten betekent. Leiders zoals Prof. Gunter Pauli zijn begonnen deze vraag aan te pakken en drijven het debat voor alternatieve modellen vooruit. Ik heb het voorrecht gehad om met hem aan meerdere projecten te werken en raad zijn boeken ten zeerste aan. Hij pleit voor de Blauwe Economie-benadering, die circulariteit integreert met winst- en planeetgerichte doelstellingen. Deze aanpak weerspiegelt de natuurlijke wereld, waar afval uit het ene proces dient als input voor het volgende – een model waarvan we moeten leren, door geïnspireerd moeten worden en moeten observeren. Het bedrijfsleven speelt in essentie een vitale rol als "force for good" door maatschappelijke kwesties op te lossen, banen te creëren, gemeenschappen verrijken en de natuur te herstellen, zoals prachtig beschreven door G. Pauli.

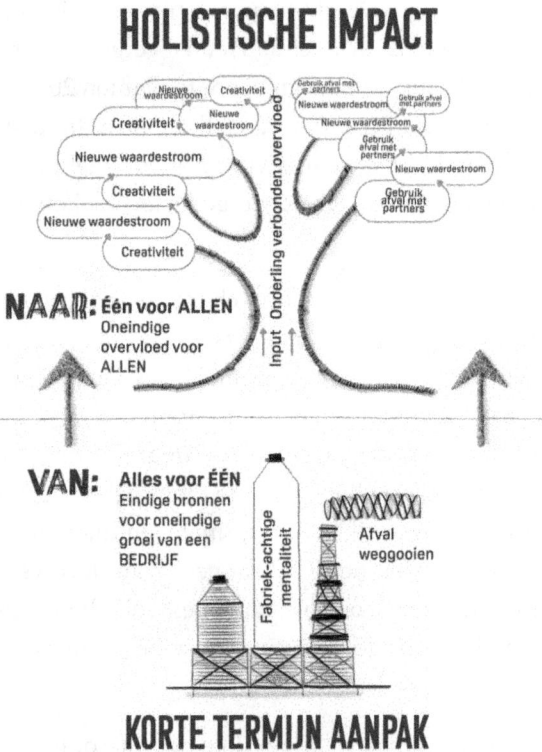

HOLISTISCHE IMPACT

Creativiteit
Nieuwe waardestroom
Creativiteit
Nieuwe waardestroom
Nieuwe waardestroom
Creativiteit
Nieuwe waardestroom
Creativiteit

Onderling verbonden overvloed

Input

Gebruik afval met partners
Nieuwe waardestroom
Gebruik afval met partners
Nieuwe waardestroom
Gebruik afval met partners
Nieuwe waardestroom
Gebruik afval met partners

NAAR: Één voor ALLEN
Oneindige
overvloed voor
ALLEN

VAN: Alles voor ÉÉN
Eindige bronnen
voor oneindige
groei van een
BEDRIJF

Fabriek-achtige mentaliteit

Afval
weggooien

KORTE TERMIJN AANPAK

De wijsheid van figuren zoals Paul Polman, voormalig CEO van Unilever, draagt ook bij aan een meer menselijke benadering van het bedrijfsleven, zoals beschreven in zijn boek "Net Positive." Zijn succesvolle inspanningen om Unilever te transformeren tot een meer verantwoordelijke kracht voor het goede zijn inspirerend.

Ik streef ernaar mijn perspectief aan deze dialoog toe te voegen door voort te bouwen op het werk van Professor Pauli, Paul Polman en vele anderen. Dit boek dient als mijn bijdrage, als een kiezel die rimpelingen creëert in een vijver, in de hoop te kruisen met de ideeën van anderen. Ik streef ernaar bewust leiderschap te bevorderen, banen te genereren, gemeenschappen te verrijken en de natuur te herstellen.

Hoewel we het gemakkelijk eens kunnen zijn over de noodzaak van een nieuw alternatief model, verzet de status quo zich vaak tegen verandering. Voor inspiratie en leiderschap kunnen we kijken naar het perspectief van Frederick Haren, die opmerkt dat mensen in ontwikkelingslanden vaak meer geneigd zijn om groot te dromen en te geloven in de verwezenlijking van hun dromen. In een wereld die veel dingen ziet als nog te realiseren, zijn mogelijkheden onbegrensd en haalbaar.

We moeten afstappen van de "niet hier uitgevonden" mentaliteit en, net als in de ontwikkelingswereld, omarmen wat werkt en daarop voortbouwen. Mondiale samenwerking en het geven van betekenis zijn essentieel. Aangezien ik het grootste deel van mijn carrière in de ontwikkelingswereld heb doorgebracht, deel ik Haren's perspectief en waardeer ik de geest van innovatie, openheid en experimenteren die in dergelijke omgevingen overheerst. In onze zoektocht naar een betere toekomst zijn deze kwaliteiten van onschatbare waarde.

De tijd voor betekenisvolle dialoog en positieve actie is nu, en ik ben vastbesloten om mijn rol te spelen in het vormgeven van een duurzamere en rechtvaardiger wereld.

Ik beweer niet alle antwoorden voor de toekomst te hebben of een alomvattende analyse van het verleden en heden. Wel wil ik delen hoe ik tot mijn persoonlijke inzichten en "aha-momenten" ben gekomen, in de hoop dat deze u kunnen helpen bij het vinden van die van uzelf. De uitdagingen van de wereld kunnen vaak overweldigend lijken, waardoor we ons hopeloos en onbeduidend voelen. Toch zijn we, of we het nu beseffen of niet, integrale onderdelen van een groter systeem, een deel van de mensheid, en onze individuele acties veroorzaken een kettingreactie. Onze kiezel in de vijver creëert rimpelingen die zich vermengen met andere, wat onvoorziene gevolgen produceert. We hebben de macht om te kiezen welke kiezels we werpen, terwijl we op de schouders staan van degenen die ons voorgingen. In het leven van een individu ervaren we vijf verschillende fasen:

1. De eerste 1.000 dagen: de fundamentele jaren van groei, van conceptie tot peutertijd.
2. 5.000 dagen: de adolescentie, gekenmerkt door snelle fysieke en mentale ontwikkeling.
3. 10.000 dagen: de jaren van jongvolwassenheid, waarin loopbaan en relaties centraal staan.
4. 10.000 dagen: de middelbare leeftijd, vaak de piek van carrière en gezinsleven.
5. 10.000 dagen: de seniorjaren, met focus op reflectie en nalatenschap.

Deze dagen komen neer op ongeveer 4.000 weken, en de vraag die Oliver Burkeman stelt in zijn boek, *Four Thousand Weeks: Time Management for Mortals,* is zeer belangrijk: Hoe kiest u ervoor om hier het beste van te maken?

Ik wil nogmaals benadrukken dat het niet gaat om wie er gelijk of ongelijk heeft, maar om hoe we met verschillen omgaan. Open en constructief debat is belangrijk in ons digitale tijdperk, waarbij we ons distantiëren van de destructieve polarisatie die gebruikelijk is geworden op Web 2.0-platforms. De huidige staat van sociale media en het internet vraagt om substantiële anpassingen. Deze zijn nodig om empathie en begrip te bevorderen en een meer gebalanceerde presentatie van diverse perspectieven mogelijk te maken.

De belofte van Web 3.0 ligt in het potentieel om deze fundamentele correcties teweeg te brengen en een meer harmonieuze digitale omgeving te creëren. Er wordt gehoopt dat deze volgende evolutie van het web prioriteit zal geven aan het delen van informatie en interactie die verder gaat dan echokamers, waarbij individuen worden aangemoedigd om zich bezig te houden met een breed scala aan standpunten en een dieper gevoel van verbinding en eenheid wordt bevorderd. Met de komst van Web 3.0 zien we een digitale ruimte voor ons die individuen in staat stelt om een holistisch begrip van de wereld te omarmen, waardoor uiteindelijk de verdeeldheid en extreme polarisatie die we hebben gezien op Web 2.0 wordt verminderd. We moeten zorgen voor diverse perspectieven en groepsdenken vermijden.

Ieder van ons maakt op zijn eigen manier een verschil, en ik heb ervoor gekozen te geloven dat ik een betekenisvolle invloed kan hebben, waarbij ik streef naar het maximaliseren van mijn positieve invloed door er een gewoonte van te maken mijn routines te doorbreken. Ik heb dit onderwerp verkend in mijn presentatie op de Conscious Companies' Summit 2022, getiteld "Geen woorden maar daden".

Waar Haalde Ik Mijn Inspiratie Vandaan?

Bij het nadenken over de drijvende kracht achter mijn missie en het Ubuntu Polder Framework for Business, vind ik vaak inspiratie in mijn geboorteland, Nederland. Het is een natie die wereldwijde bekendheid heeft verworven ondanks haar bescheiden omvang, beperkte landoppervlak en relatief kleine bevolking. Ik schrijf veel van dit succes toe aan het feit dat het voor een groot deel bestaat uit polders, land dat op de zee is teruggewonnen, wat constante bemaling en onderhoud van de dijken vereist. Verschillende gemeenschappen die in dezelfde polder leven, zijn door de tijd heen gedwongen om samen te werken om overstromingen te voorkomen. Of u nu rijk of arm bent, man of vrouw, of welke religie u ook aanhangt, wanneer de dijken doorbreken, wordt iedereen getroffen. Deze samenwerkingsaanpak wordt vaak het "poldermodel" genoemd.

Het Nederlandse model biedt een diepgaande les voor de complexe vraagstukken van de wereld. De uitdagingen van vandaag zijn te ingewikkeld voor één enkele entiteit, of het nu een instelling, bedrijf, organisatie of NGO is, om in isolatie aan te pakken. We bevinden ons allemaal in dezelfde polder: één gedeelde wereld die een gemeenschappelijke tegenstander heeft in de vorm van klimaatverandering. Ons huidige economische model, dat vertrouwt op Eindige Bronnen voor Oneindige Groei, moet een transformatie ondergaan en meer Circulariteit omarmen die lokale bronnen benut voor duurzame, onderling verbonden overvloed.

Deze verschuiving lijkt in principe eenvoudig, maar vereist een nieuwe aanpak. We moeten afstappen van de lineaire, fabrieksmatige denkwijze en overgaan op holistisch denken. Samenwerking met partners buiten onze eigen organisaties is belangrijk, waarbij we ecosystemen vormen die verenigd worden door een gemeenschappelijk doel en wederzijds voordeel. Ons doel moet zijn om circulariteit in al onze inspanningen te verweven, waarbij we efficiënt gebruik maken van al het afval. Hoewel niet al het afval door hetzelfde bedrijf kan worden verwerkt of hergebruikt, laten we op zijn minst transparantie creëren over de soorten en hoeveelheden afval die we produceren, samen met hun regelmaat, en vervolgens verbindingen zoeken met andere bedrijven en gemeenschappen.

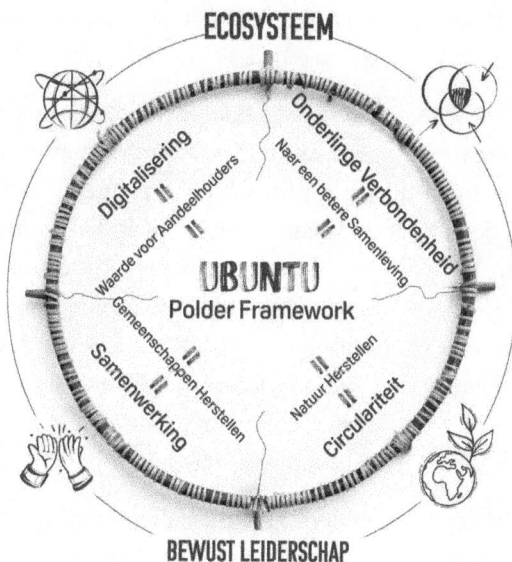

ECOSYSTEEM

Digitalisering

Onderlinge Verbondenheid

Naar een betere Samenleving

Waarde voor Aandeelhouders

UBUNTU
Polder Framework

Gemeenschappen Herstellen

Samenwerking

Natuur Herstellen

Circulariteit

BEWUST LEIDERSCHAP

Om de kloof tussen deze diverse waardestromen te overbruggen, moeten we technologie omarmen en benutten. Technologie wordt de katalysator voor transformatie, voor het identificeren van de juiste partners en voor het aanpakken van uitdagingen waarvoor nog geen oplossingen zichtbaar zijn. Het voortdurend bevragen, van "De verkenning van ...Wat als?", speelt een centrale rol. Wat als we kunnen hergebruiken wat we nu als waardeloos beschouwen? We kunnen oplossingen crowd-sourcen en collectieve intelligentie benutten.

Een vooraanstaande organisatie die zich inzet om overheden, bedrijven en het maatschappelijk middenveld samen te brengen om wereldwijde problemen aan te pakken is het World Economic Forum. Ik had het voorrecht om WEF Africa in 2019 bij te wonen, en tijdens een discussie over de uitroeiing van Malaria merkte een panellid scherp op: "Het is nodig dat getroffen landen samenwerken, want muggen hebben geen paspoorten." Hoewel het misschien klinkt als een grap, bevat deze observatie een diepgaande waarheid: onze wereld is enkelvoudig, onze uitdagingen zijn aanzienlijk, en ze overschrijden grenzen, net zoals muggen.

Opnieuw geïnspireerd door het Poldermodel, zien we de innovatieve en creatieve geest van de Nederlanders aan het werk. Ze benutten de beschikbare middelen en weigerden zich te laten beperken door beperkingen. Ze omarmden verschillende vormen van technologie, of het nu ging om conceptuele zaken, zoals het uitvinden van bankieren, bedrijven en aandelenbeurzen, of om praktische hulpmiddelen zoals windmolens die efficiënt water uit de polder over de dijken terug naar zee pompten, of het gebruik van kassen om optimale omstandigheden voor gewassenteelt te behouden.

Dit model vereist dat leiders zich niet alleen richten op wat we gewoonlijk Lagging Key Performance Indicators (KPIs) noemen, die eindresultaten vertegenwoordigen, maar ook evenveel aandacht besteden aan Leading KPIs - de 'hoe' van het bereiken van deze resultaten. In essentie heeft de wereld leiders nodig die prioriteit geven aan 'leading' in plaats van 'lagging.' Bewust leiderschap benadrukt het belang van 'hoe,' en maakt duidelijk dat dit geen oppervlakkig concept is maar een belangrijk element voor het opbouwen van oprecht vertrouwen. Ik zal de formule voor vertrouwen onthullen, en laten zien hoe focus op het algemeen belang en verminderde zelfgerichtheid dit vertrouwen bevordert. Dit resulteert op zijn beurt in psychologische veiligheid, waardoor het beste uit uw medewerkers en partners binnen uw ecosysteem kan worden gehaald. Want of we het nu leuk vinden of niet, we zijn allemaal met elkaar verbonden en ons succes zal alleen duurzaam zijn als onze gemeenschappen en samenleving gezond zijn. Met andere woorden, we moeten ons bewust zijn van de geest van Ubuntu: Ik ben omdat wij zijn.

In dit boek zal ik mijn persoonlijke "aha" momenten delen en de reis die mij ertoe bracht om te komen tot wat ik nu het Ubuntu Polder Framework for Business noem. Ik heb deze aanpak geleefd en beleefd gedurende mijn carrière in verschillende landen, rollen en op verschillende schalen, en ik zal mijn inzichten illustreren aan de hand van persoonlijke ervaringen.

Door het hele boek heen zal ik concrete voorbeelden en casestudies geven van hoe ik betekenisvolle ecosystemen heb opgebouwd die leiden tot gezamenlijke groei en echte win-win situaties creëren die kunnen blijven bestaan.

Wat dit model bijzonder aantrekkelijk maakt, is dat het geen abrupte verandering van uw bedrijfsvoering vereist. In plaats daarvan moedigt het u aan om klein te beginnen, te experimenteren, te leren, bij te sturen en, wanneer u het geperfectioneerd heeft, vol vertrouwen op te schalen. Eerst perfectioneren, dan opschalen.

In de volgende hoofdstukken van dit boek ga ik dieper in op de praktische toepassing van het Ubuntu Polder Framework, waarbij ik inzichten, casestudies en concrete stappen aanbied die kunnen helpen bedrijven om te vormen tot "a force for good".

HOOFDSTUK 3: HET UBUNTU POLDER FRAMEWORK: EEN SYNTHESE VAN AFRIKAANSE WIJSHEID EN NEDERLANDSE INNOVATIE IN BEDRIJFSVOERING

HET ONTWERPEN VAN DE POLDER KADER BLAUWDRUK

n het internationale bedrijfsleven, waar culturele nuances en filosofieën samenkomen, vormt het Ubuntu Polder Framework een unieke synthese van Afrikaanse wijsheid en Nederlandse innovatie. Dit hoofdstuk ontrafelt de lagen en onthult de kerncomponenten die dit model maken tot een baken van transformatief leiderschap.

De Ingrediënten van een Polder Model

Nederlandse Polders

In de kern van het Ubuntu Polder Framework ligt een rijk palet aan ingrediënten, zorgvuldig samengevoegd om een harmonieuze en duurzame aanpak voor bedrijfstransformatie te creëren. Geïnspireerd door Afrikaanse gemeenschapswaarden en Nederlands pragmatisme, verkent dit onderdeel de unieke elementen die de basis vormen van het Ubuntu Polder Framework. Het is niet zomaar een theoretisch kader; het is het levend bewijs van verbondenheid en samenwerking.

Ik heb het model dat ik wil introduceren het Ubuntu Polder Framework genoemd, bestaande uit drie fundamentele elementen: een toewijding aan samenwerkingsinitiatieven voor het algemeen belang terwijl bedrijven winstgevend blijven.

Er is een bekend Nederlands gezegde: "God schiep de wereld, maar de Nederlanders schiepen Nederland." Deze uitspraak klopt, aangezien bijna 50% van Nederland onder de zeespiegel ligt. Bijna de helft van Nederland bestaat uit polders: stukken land die door menselijk ingrijpen zijn teruggewonnen op het water. Om dit te bereiken werd een stuk moerasland, in wezen een moeras, omringd met dijken, waardoor het werd omgevormd tot een polder. Op deze dijken werden windmolens gebouwd om water vanuit de polder terug naar zee te pompen.

Hoewel ik van plan ben het Polder kader als metafoor te gebruiken, sta mij toe wat extra context te geven zonder in een gedetailleerde geschiedenisles over Nederland te vervallen.

In feite markeerde de komst van de eerste windmolens in Nederland het begin van de eerste Industriële Revolutie. Eerder gebruikten de Nederlanders deze nieuwe technologie om graan of maïs tot meel te malen. Vóór deze uitvinding gebeurde het malen met de hand, gevolgd door het gebruik van paardenkracht met een tredmolen, daarna watermolens, voordat windmolens het overnamen in een land dat wordt gekenmerkt door zijn vlakke, winderige landschap. De werking van een windmolen is eenvoudig. De kap van de windmolen wordt vanaf de grond gedraaid, waarbij de wieken naar de wind worden gericht. Windenergie wordt vervolgens benut om de graanmaler aan te drijven.

In de periode waarin de Nederlanders windmolens begonnen te bouwen, bestond het westelijke deel van Nederland voornamelijk uit moerasland en was het nauwelijks bewoonbaar. De eerste kolonisten in dit gebied vestigden zich op lokale zandduinen om boven het waterpeil te blijven. Met de tijd en een toenemend aantal kolonisten, wilden de bewoners graag op de vruchtbare gronden rond de snelgroeiende steden van West-Nederland wonen. Daarom bouwden ze dijken om het water tegen te houden. Dit leidde echter tot een nieuw probleem: de noodzaak om grondwater en regenwater van het land binnen de dijken af te voeren en in de rivier daarbuiten te lozen om te voorkomen dat de polders opnieuw zouden overstromen.

De overheidsinstanties die verantwoordelijk zijn voor het beheer van polders, bekend als de Waterschappen, hebben hun wortels in de dertiende eeuw toen ze werden opgericht voor waterbeheer. Graaf Floris V richtte de Waterschappen op, een stap die een fundament legde voor de moderne democratie in Nederland. In die tijd was de belangrijkste zorg het eb en vloed van water, maar de Waterschappen vereisten een gezamenlijke inzet van alle bewoners om collectief te werken aan het drooghouden van het land.

Desondanks vond er, ondanks grote inspanningen, in 1421 een catastrofale gebeurtenis plaats - de verwoestende Sint-Elisabethsvloed. Deze ramp eiste het leven van honderdduizenden mensen toen talrijke dorpen onder water liepen. De beruchte Sint-Elisabethsvloed was het gevolg van gebrekkig onderhoud aan de dijken die de polder beschermden. Na deze ramp kwam er een cruciale doorbraak toen men het idee bedacht om windmolens te gebruiken voor het pompen van water. In plaats van een molensteen aan te drijven, gebruikten windmolens hun energie om een waterrad aan te drijven, dat water tot 1,5 meter omhoog pompte. Deze watermolens speelden een cruciale rol bij het draineren van de polders, waarbij het water naar de kanalen werd geleid. Als de kanalen zich vulden tijdens eb, openden de sluizen hun poorten en lieten het overtollige water wegstromen in de richting van de natuurlijke rivier en de zee. Dit ingenieuze systeem beheerde de waterstanden in de regio effectief.

De molenaar, verantwoordelijk voor de werking van de windmolen, woonde vaak met zijn gezin in de molen. Ondanks hun belangrijke rol in de samenleving verdienden molenaars geen riant inkomen. De vrouwen van molenaars zochten vaak aanvullend werk omdat de molenaar dicht bij de molen moest blijven, en windmolens vaak op afgelegen locaties stonden.

In de 19e eeuw bereikten windmolens hun hoogtepunt in Nederland, met in totaal 10.000 molens in bedrijf. Maar met de technologische vooruitgang, zoals de uitvinding van de stoommachine en later elektriciteit, werden windmolens geleidelijk vervangen door aangedreven gemalen. Deze overgang was bedoeld om de afhankelijkheid van natuurlijke elementen zoals wind te verminderen en de efficiëntie te verhogen.

Tegenwoordig zijn er nog maar 1.200 windmolens over in Nederland, waarvan vele dienen als reserve en nog steeds volledig functioneel zijn, wat de blijvende erfenis van deze iconische Nederlandse innovatie toont.

Het belang van windmolens in waterbeheer wordt alom erkend, en de Nederlandse samenleving koestert een diepe fascinatie voor deze iconische bouwwerken. Als bewijs van hun betekenis dient voormalig Koningin en moeder van de huidige Koning der Nederlanden, Prinses Beatrix, als beschermvrouwe van De Hollandsche Molen.

De windmolens speelden een cruciale rol bij het droogmalen van de polder, en kanalen en dijken voltooiden het proces. Elk lid van de samenleving, van de eenvoudige molenaar tot de monarch van het land, draagt op verschillende manieren bij, allen onmisbaar om het Poldermodel in stand te houden.

Ik bracht mijn vormende jaren door in een polder, waar de altijd aanwezige dreiging van een ramp het belang benadrukte van waakzaamheid, het hebben van noodplannen en het bevorderen van een geest van samenwerking.

Afrikaanse Wijsheid: Ubuntu Begrijpen

In de Zulu-taal van Zuid-Afrika vertegenwoordigt de term "Ubuntu" het concept van "Menselijkheid." Het wordt vaak vertaald als "Ik ben omdat wij zijn" of "Menselijkheid naar anderen." Op een dieper niveau vertegenwoordigt Ubuntu het geloof in een universele band van delen die de hele mensheid verenigt. Volgens het African Journal of Social Work kan Ubuntu worden gedefinieerd als een verzameling waarden en praktijken die mensen van Afrikaanse afkomst gebruiken om authentieke menselijke wezens te vormen. Hoewel de specifieke nuances van deze waarden en praktijken kunnen verschillen tussen verschillende etnische groepen, wijzen ze allemaal naar een centraal idee - dat een authentiek individueel menselijk wezen inherent verbonden is met een bredere, meer betekenisvolle wereld die relaties, gemeenschap, samenleving, omgeving en spiritualiteit omvat.

Ubuntu onderstreept de onderlinge verbondenheid van mensen en het belang van verantwoordelijkheid voor medemensen en de wereld. Het is een filosofie die collectivisme boven individualisme stelt.

Ubuntu is echter niet slechts een abstracte theorie die men in boeken of tijdschriften vindt; het is diepgeworteld en wordt dagelijks ervaren in het leven van mensen in Afrika. Een krachtig verhaal dat het concept Ubuntu prachtig illustreert, gaat over een westerse antropoloog die jaren geleden naar Afrika kwam om de levenswijze van Afrikaanse etnische groepen te bestuderen.

Tijdens zijn werk met Afrikaanse kinderen organiseerde de antropoloog een spel. Hij plaatste een mand gevuld met zoet fruit onder een majestueuze Baobab-boom, een symbool van leven en gemeenschap in Afrika en verzamelde alle kinderen eromheen. Hij daagde hen uit om 100 meter van de boom te gaan staan en legde uit dat het eerste kind dat de mand zou bereiken alles mocht houden. Wat er vervolgens gebeurde, verbaasde de antropoloog. In plaats van individueel te wedijveren, gaven de kinderen elkaar de hand en renden samen naar de boom. Daardoor bereikten ze de mand gezamenlijk en deelden ze het fruit met plezier.

Dit verhaal vat de essentie van Ubuntu samen: "Ik ben wie ik ben door wie wij allen zijn." Het illustreert de geest van eenheid, samenwerking en verbondenheid die de kern vormt van deze diepzinnige Afrikaanse filosofie.

Een Circulaire Aanpak: Het Ontsluiten van Meerdere Inkomstenstromen

In het nummer "St. Stephen" van de Grateful Dead staat een regel die diep resoneert: "One man gathers what another man spills." Sinds de jaren zestig is deze band een bron van inspiratie voor milieuactivisten. Voor mij vat deze regel de essentie van circulariteit samen en wijst naar de toekomst van ons mondiale model. We moeten afstappen van lineaire productiemodellen en circulariteit omarmen, waarbij we de natuurlijke capaciteit weerspiegelen om met minimaal afval produceren. Circulair denken heeft de potentie om talrijke mondiale uitdagingen aan te pakken, bevordert duurzaamheid, schept banen en ontwikkelt extra inkomstenstromen, terwijl eindige bronnen efficiënt worden gebruikt en hergebruikt om hun gebruiksduur aanzienlijk te verlengen.

Deze transitie is echter geen eenvoudige opgave en vereist onconventioneel denken en de moed om gevestigde bedrijfsnormen ter discussie te stellen. Een belangrijk principe van de circulaire economie is om projecten te starten met een solide rendement op investering, waarbij werkgelegenheid wordt gecreëerd en lokale economieën worden versterkt. Door waardeketens vanuit een nieuw perspectief te benaderen en buiten de gebaande paden te denken, komen nieuwe mogelijkheden aan het licht. Slechts 0,2% van de biomassa van een koffieplant wordt benut voor koffieproductie. Dit roept de vraag op: Wat als we de andere 99,8% zouden kunnen benutten? Ik zal delen hoe we in Zuid-Afrika deze ongebruikte biomassa hebben ingezet voor het kweken van paddenstoelen, waarbij we tegelijkertijd banen hebben gecreëerd.

Professor G. Pauli moedigt ons aan om los te breken uit de beperkingen van conventioneel denken en om voortdurend voorbij het voor de hand liggende te onderzoeken, zonder ooit terug te keren naar de beperkende "gebaande paden." Onze acties moeten gericht zijn op het creëren van positieve impact, een beproefd recept voor meer geluk. Het gaat om het omarmen van de "Art de Vivre" - de kunst van het leven - en het ontwikkelen van meer gevoel en creativiteit, vergelijkbaar met de natuurlijke wereld. Deze benadering bevordert een rijker, meer vervullend bestaan dat in harmonie is met de natuur.

Het Ubuntu Polder Framework is een vooruitstrevende en alomvattende benadering van bedrijfstransformatie die samenwerking, onderlinge verbondenheid en duurzame praktijken bevordert. Het maakt optimaal gebruik van de nieuwste technologie en omarmt de digitale economie om inkomsten te genereren door maatschappelijke behoeften op te lossen. Het is vooral relevant in het huidige bedrijfsleven omdat het inspeelt op de dringende behoefte aan verantwoorde, holistische en waardengedreven bedrijfsmodellen.

Het Ubuntu Polder Framework in het kort

Ubuntu-filosofie:

Onderlinge verbondenheid: Ubuntu is een Afrikaanse filosofie die de onderlinge verbondenheid van al het leven benadrukt. Binnen het bedrijfsleven betekent dit het begrijpen hoe de acties van een bedrijf invloed hebben op zijn ecosysteem, inclusief het milieu, de samenleving en belanghebbenden.

36

Polder Kader Invloed: Samenwerking en Consensus: Het Polder kader is een Nederlandse benadering van besluitvorming die wordt gekenmerkt door sociale dialoog, samenwerking en consensus. Het is aangepast tot het Ubuntu Polder Framework om het belang van samenwerking tussen belanghebbenden te benadrukken.

PRINCIPES IN ACTIE EN ROADMAP INZICHTEN

Om de essentie van het Ubuntu Polder Framework echt te begrijpen, verdiepen we ons in de kernprincipes. Deze principes, gevormd door de wijsheid van Ubuntu en de pragmatische aanpak van het Nederlandse Poldermodel, bieden een kompas voor leiders die navigeren door de complexiteit van het moderne bedrijfslandschap. Elk principe is een gids, die organisaties stuurt naar een holistische transformatie die verder gaat dan louter winstgevendheid.

Stakeholderwaardecreatie: Het model richt zich op het creëren van waarde voor alle belanghebbenden, niet alleen aandeelhouders. Het erkent dat een succesvol bedrijf werknemers, klanten, leveranciers, gemeenschappen en het milieu ten goede moet komen. Het zorgt voor verbinding tussen mensen, zowel intern als binnen de gehele waardeketen.

Maatschappelijke Behoeften en Beloningen: In plaats van alleen winst na te streven, moedigt het Ubuntu Polder Framework bedrijven aan om maatschappelijke behoeften aan te pakken en daarvoor beloond te worden. Dit sluit aan bij het idee dat bedrijven een positieve kracht in de samenleving moeten zijn.

Herstel van de Natuur: Het model bevordert milieubewust handelen, met nadruk op de noodzaak om de natuur te herstellen en te beschermen. Het is afgestemd op duurzaamheids- en circulariteitsdoelstellingen.

Werkgelegenheid creëren: Door maatschappelijke behoeften aan te pakken en duurzame praktijken toe te passen, kunnen bedrijven ook bijdragen aan het genereren van werkgelegenheid, wat een zeer belangrijk aspect is van maatschappelijk welzijn.

Efficiënt Gebruik van middelen: Het model stimuleert efficiënt gebruik van middelen en het minimaliseren van afval, wat in lijn is met de principes van de circulaire economie. Daarnaast benut het afvalstromen om nieuwe inkomstenbronnen te creëren.

Betrokkenheid bij de Gemeenschap: Betrokkenheid bij lokale gemeenschappen en het begrijpen van hun behoeften is belangrijk voor het scheppen van vertrouwen en het bewerkstelligen van een positieve sociale impact.

Verbeteren van efficiëntie en het versterken van verbindingen binnen het ecosystem: Het model erkent de rol van technologie en digitalisering bij het uitwerking.

Transparantie en Verantwoordelijkheid: Bedrijven moeten transparant zijn over hun acties en verantwoordelijkheid nemen voor hun impact op samenleving en milieu.

Relevantie in het Huidige Bedrijfsleven

In een wereld die wordt gekenmerkt door snelle verandering en toenemende onderlinge verbondenheid, wordt de relevantie van het Ubuntu Polder Framework meer dan ooit duidelijk. Dit deel onderzoekt hoe dit model niet slechts een overblijfsel uit het verleden of een utopische visie is, maar een praktische, actuele reactie op de uitdagingen waarmee bedrijven vandaag de dag worden geconfronteerd. Het is een roadmap voor duurzaamheid, veerkracht en betekenisvolle impact in een dynamisch evoluerende wereldeconomie.

Duurzaamheid: Het Ubuntu Polder Framework sluit aan bij de wereldwijde duurzaamheidsbeweging. In een wereld die wordt geconfronteerd met milieu-uitdagingen, hebben bedrijven die duurzaamheid omarmen meer kans om te floreren.

ESG en Stakeholder Kapitalisme: Het model sluit aan bij de groeiende focus op Environmental, Social, and Governance (ESG) criteria. Stakeholder kapitalisme, dat de belangen van alle belanghebbenden vooropstelt, wordt steeds meer mainstream.

Circulaire Economie: Circulaire bedrijfsmodellen, die de nadruk leggen op efficiënt gebruik van middelen en afvalvermindering, sluiten aan bij de circulaire benadering van het Ubuntu Polder Framework.

Maatschappelijke Verwachtingen: Consumenten, investeerders en overheden verwachten in toenemende mate dat bedrijven verantwoord opereren en een positieve impact hebben op de samenleving.

Langetermijnwaarde: Door het creëren van een holistisch, verantwoord bedrijfsmodel kunnen bedrijven hun langetermijnwaarde, reputatie en veerkracht versterken.

Concurrentievoordeel: Het omarmen van het Ubuntu Polder Framework kan zorgen voor een unieke propositie en een concurrentievoordeel, vooral voor bedrijven die zich willen onderscheiden.

Samenvattend pleit het Ubuntu Polder Framework voor een zakelijke aanpak die zowel ethisch als toekomstgericht is. Het erkent de noodzaak voor bedrijven om verantwoordelijk en duurzaam te zijn, en diep verbonden met hun ecosystemen en gemeenschappen. In het huidige, zich ontwikkelende bedrijfslandschap, waar maatschappelijke en ecologische zorgen voorop staan, biedt het Ubuntu Polder Framework een visionaire weg voor bedrijven om te floreren terwijl ze positief bijdragen aan de wereld.

De Kernpijlers van het Ubuntu Polder Framework voor Bedrijven

Op basis van de kernprincipes presenteren wij de pijlers van het Ubuntu Polder Framework. Deze zijn geworteld in samenwerking, milieubewustzijn en sociale verantwoordelijkheid en vormen de basis van een bedrijfsmodel dat verder reikt dan alleen winstgevendheid. Het begrijpen en omarmen van deze pijlers is zeer belangrijk voor organisaties die ernaar streven het Ubuntu Polder Framework in hun ethos te belichamen.

Persoonlijke Toewijding en de Juiste gedachtegang die Leiden tot Actie

Het Ubuntu Polder Framework - Het Pad naar Holistische Bedrijfstransformatie:

In onze verkenning van het Ubuntu Polder Framework en de toepassing ervan bij het bereiken van holistische bedrijfstransformatie, moeten we beginnen met een fundamentele formule voor verandering. Deze formule, die de hoeksteen van onze aanpak vormt, luidt als volgt: Ervaring + Kennis + Actie + Reflectie = Resultaat/Verandering. Het is de blauwdruk die mijn reis omvat en de filosofie die ten grondslag ligt aan de transformerende kracht van dit model.

Het is echter belangrijk om te begrijpen dat de transformatieve reis niet begint met actie; het begint met het cultiveren van de juiste gedachtegang en overtuiging. Voordat we actie ondernemen, zijn er cruciale stappen die eraan voorafgaan. Deze eerste stappen zijn persoonlijke toewijding, prioriteiten stellen, doorzettingsvermogen en het vormen van productieve gewoonten.

Persoonlijke commitment: De Katalysator voor Verandering

Het eerste en belangrijkste element in de formule is persoonlijke toewijding: het bewust kiezen om een transformatieve reis te starten. In mijn geval leidde deze toewijding tot het oprichten van Ubuntu in Dubai, een consultancy- en adviesbedrijf dat zich inzet voor het hervormen van de zakenwereld. De kernovertuiging achter deze toewijding is dat het bedrijfsleven een force for good kan zijn en een katalysator voor positieve verandering.

Prioriteren: Afstemmen op uw waarden: Zodra de toezegging is gedaan, is de volgende stap prioriteren. Dit houdt in dat u uw acties en beslissingen afstemt op de waarden en principes die resoneren met uw visie. In mijn eigen reis gaf ik prioriteit aan duurzaamheid, circulariteit, digitalisering en ESG-principes als kern van zaken doen. Deze prioriteiten werden mijn kompas, die mijn keuzes en acties beïnvloedden.

Doorzettingsvermogen: Het standvastig nastreven van verandering: Holistische transformatie is geen snel proces. Het vereist doorzettingsvermogen en standvastige toewijding. Uit mijn ervaringen als internationale expat in verschillende delen van de wereld heb ik geleerd dat doorzettingsvermogen belangrijk is. Het gaat erom koersvast te blijven, vooral bij de onvermijdelijke uitdagingen en tegenslagen binnen het bedrijfslandschap.

Gewoonten: Transformatie verankeren in uw cultuur: Om ervoor te zorgen dat uw toewijding en doorzettingsvermogen leiden tot duurzame verandering, is het zeer belangrijk om gewoonten te ontwikkelen die uw waarden weerspiegelen. Dit betekent het creëren van een bedrijfscultuur die de principes van duurzaamheid, circulariteit en ESG omarmt. Het Ubuntu Polder Framework is niet slechts een concept; het is een reeks verankerde gewoonten die elke beslissing en actie binnen de organisatie sturen.

Nu we de basis hebben gelegd met deze cruciale elementen, kunnen we dieper ingaan op de kracht van de juiste gedachtegang en overtuiging, die dienen als drijvende krachten achter persoonlijke commitment, prioritering, doorzettingsvermogen en gewoonten.

Persoonlijke Commitment en de Juiste gedachtegang die Leiden tot Actie: Suzuki Roshi's wijze woorden, "U bent precies perfect zoals u bent (en u kunt nog wat verbetering gebruiken)," herinneren ons eraan dat onze gedachtegang zeer belangrijk is in het vormgeven van ons leven. In een wereld waar afleidingen overvloedig zijn, en het gemakkelijk is om verloren te raken in dagelijkse routines en eindeloos scrollen op onze smartphones, is het noodzakelijk om ons perspectief te verschuiven. We moeten ons richten op wat we willen bereiken, leren, verkennen en waar we meer over willen weten. Door onze tijd te plannen en slechts een klein deel van onze dag aan deze bezigheden te wijden, kunnen we aanzienlijke vooruitgang boeken. Het vormen van deze gewoonte kan aanvankelijk inspanning vereisen, vaak wordt gesproken over ongeveer 21 dagen van volhardende en ononderbroken toewijding, maar het wordt uiteindelijk een tweede natuur, waarmee de basis wordt gelegd voor betekenisvolle actie.

Onze gedachtegang speelt met name een cruciale rol omdat onze overtuigingen ons gedrag sturen. Een positieve gedachtegang maakt het verschil. Ik herinner me het begin van mijn carrière, waar ik het voorrecht had om te leren van ervaren professionals. Een van de senior leiders, Lim King Fung, deelde waardevolle wijsheid en adviseerde mij om te "blijven glimlachen" voor een succesvolle carrière. Hoewel het me eerder verbaasde, besefte ik later dat zijn boodschap ging over het uitstralen van positieve energie. In de loop der tijd verdiepte ik me meer in de deugden van een positieve gedachtegang en ontdekte ik de diepgaande impact van Positieve Intelligentie, waarbij het gaat om het zoeken naar het positieve en het grijpen van kansen in elke situatie.

In functioneringsgesprekken met mijn medewerkers reserveer ik altijd tijd voor feedback over onze werkrelatie. Ik herinner me nog levendig hoe een van mijn medewerkers inzichtelijke feedback gaf: "Uw energie werkt aanstekelijk en motiveert mij om meer en beter te presteren." Het bevestigde de wijsheid van Lim King Fung's advies.

Onze maatschappij benadrukt vaak het belang van bezittingen, wat leidt tot een "hebben-doen-zijn" benadering, waarbij we geloven dat we eerst iets moeten bezitten, dan actie moeten ondernemen om te bereiken, en pas dan gelukkig of voldaan kunnen zijn. Chris Peter pleit echter voor het omkeren van deze volgorde naar "zijn-doen-hebben." In deze herziene benadering begint u met het geloven in en tevreden zijn met wat u al heeft, wat uw gedrag bepaalt. Uw acties worden dan beloond met wat u verlangt.

Dit concept sluit aan bij het principe van de "growth mindset", een tijdloze benadering die terug te voeren is naar Rumi in de 13e eeuw, die aanmoedigde om te leven alsof alles in uw voordeel is gezet. Overtuiging leidt tot actie, en zonder actie wordt er niets bereikt. In het bedrijfsleven wordt vaak gezegd dat een visie zonder actie een droom is, actie zonder visie een nachtmerrie, en een visie met actie de wereld kan veranderen.

In al mijn teams heb ik duidelijk gemaakt dat ik een fervent aanhanger ben van Positieve Energie. Het begrijpen van de diepgaande kracht van uw gedachten versterkt het idee dat negatief denken uit uw geest moet worden verbannen. Zoals mijn vriend Conn Bertish het treffend zegt: "Gelukkige mensen zijn moeilijker te doden." Conn's persoonlijke reis in zijn strijd tegen kanker door middel van visualisatie en de kracht van de geest leidde hem ertoe Cancer Dojo op te richten, een initiatief gericht op het helpen van kinderen om hun geest te gebruiken in hun strijd tegen kanker.

Om mijn eigen beperkende paradigma's te overwinnen, nam ik

een persoonlijk mantra aan: "Ik ben wie ik ben; mijn kennis is diep en breed, en ik vertrouw op mijn instinct."

De reis naar een Positieve gedachtegang opent deuren die men niet kan voorzien. Om deze kracht te illustreren, wil ik graag het verhaal van mijn vrouw Erma delen. Toen we elkaar in Indonesië ontmoetten aan het begin van mijn carrière, studeerde zij tandheelkunde. Na ons huwelijk omarmde ze het expat-leven, wat uitdagingen met zich meebracht voor haar tandheelkundige carrière vanwege frequente verhuizingen. Haar reis bracht haar van het uitoefenen van tandheelkunde naar het studeren van modeontwerp aan de University of La Salle in de Filipijnen. In Zwitserland, waar alleen Westerse tandheelkundige diploma's werden erkend, zette ze haar modeontwerpen voort. Haar verkenning leidde tot de ontdekking van de synergie tussen Afrikaanse en Indonesische batikpatronen, wat haar inspireerde om Afrosia te creëren, een fusie van Afrikaans en Indonesisch geïnspireerde mode. Door vastberadenheid en een positieve gedachtegang introduceerde ze haar ontwerpen bij de regionale Miss Cameroon-wedstrijd. Haar creaties waren een succes, en dit markeerde het begin van haar opmerkelijke reis. Het leidde er uiteindelijk toe dat ze Vice-President van Miss Cameroon werd, waar ze voor het eerst in de geschiedenis voor zorgde dat Miss Cameroon kon deelnemen aan de wereldwijde Miss World Competition. In haar streven om Kameroens talent verder aan de wereld te tonen, organiseerde ze een Muziek-, Mode- en Filmfestival dat internationale aandacht vestigde op Centraal- en West-Afrikaanse talenten. Erma's verhaal is een voorbeeld van de kracht van geloof en actie in het bereiken van succes.

Kennis en talent zijn belangrijk in elk vakgebied, maar vastberadenheid, consistentie en doorzettingsvermogen zijn de sleutel tot succes. Dit geldt voor uw carrière, het schrijven van een boek, het leren van een nieuwe taal en elke andere onderneming. Zelfgenoegzaamheid is de vijand in een wereld die zich snel ontwikkelt en die voortdurend leren, afleren en opnieuw leren vereist.

In een wereld die vaak stuurloos en zonder leiding aanvoelt, is het zeer belangrijk dat we ons een betere wereld voorstellen en geloven dat we door onze acties positieve verandering teweeg kunnen brengen. Geloof stuurt onze handelingen en brengt ons dichter bij deze betere wereld. Onze gedachten hebben een creatieve kracht, zowel bewust als onbewust. Wat we onszelf vertellen en geloven, heft de grootste invloed. Een gedachtegang die onze onderlinge verbondenheid erkent en de filosofie omarmt van "ik ben omdat wij zijn" en onze kracht in kwetsbaarheid, is de weg naar een stralender wereld met meer overvloed. Laten we elkaar ondersteunen en wederzijds zelfvertrouwen, vertrouwen, toewijding, liefde, overvloed, respect en eenheid opbouwen in onze gedeelde Polder, die als natuurlijke staat moeiteloos moet stromen.

Zoals Terence McKenna wijs opmerkte: "De natuur houdt van moed. U neemt de verbintenis aan, en de natuur zal reageren door schijnbaar onoverkomelijke obstakels weg te nemen." Wanneer u het onmogelijke durft te dromen, zal de wereld u niet verpletteren; ze zal u verheffen. Dit is het geheim, het begrip van al die opmerkelijke leraren en filosofen die het alchemistische goud begrepen. Het is de sjamanistische dans in de waterval, de magie van jezelf in de afgrond werpen en ontdekken dat het een verenbed is.

In moeilijke tijden is het belangrijk om te onthouden dat een vliegtuig tegen de wind in opstijgt, niet met de wind mee, zoals Henry Ford wijs opmerkte. Echte verandering begint met zelftransformatie. Het is een eenvoudige vergelijking: Ervaring + Kennis + Actie = Resultaten / Verandering. Elke opmerkelijke reis begint met die eerste stap. Dit concept is logisch en duidelijk, toch stellen we vaak uit en wachten we tot anderen in actie komen. De mensen die echt impact maken, degenen die we bewonderen, zijn zij die actie ondernemen. Ze geven ruiterlijk toe dat ze talloze fouten hebben gemaakt en vaak hebben gefaald voordat ze succes bereikten. De formule is duidelijk: begin, struikel, blijf experimenteren, observeer, verfijn, en houd vol totdat u

45

het gevoel hebt dat u het beheerst. Pas dan moet u vooruitgaan om het op te schalen.

Laten we nu het belang meenemen van selectief zijn in waar u ja tegen zegt, waarbij u ervoor zorgt dat uw acties betekenisvol zijn en uw tijd waard zijn.

Oordeelkundig zijn in uw handelingen

In de reis van persoonlijke toewijding en de juiste gedachtegang die tot actie leidt, is het zeer belangrijk om oordeelkundig te zijn in waar u ja tegen zegt. Uw acties moeten aansluiten bij uw doelen en resoneren met uw waarden. Overweeg drie soorten "ja" reacties:

IQ (Verstand) - Logische afstemming: Zorg ervoor dat uw acties logisch zijn en aansluiten bij uw doelen en doelstellingen. Dragen ze bij aan uw langetermijnvisie en missie?

EQ (Hart) - Emotionele verbinding: Overweeg het emotionele aspect. Versterken deze acties uw relaties en verbindingen met anderen? Zullen ze uw samenwerkingsinspanningen verbeteren en positieve teamdynamiek creëren?

BQ (Buik/Lichaam) – Intuïtieve Harmonie: Luister naar uw intuïtie. Voelt het diep in uw buik goed aan? Is er een gevoel van comfort, of veroorzaakt het ongemak? Vertrouw op uw instinct bij het nemen van beslissingen.

Door uw acties af te stemmen op uw intellect, emoties en intuïtie, zorgt u ervoor dat uw inspanningen doelgericht en betekenisvol zijn. Deze onderscheiding is belangrijk in het transformatieproces en helpt u om uw energie en middelen te richten op acties die er werkelijk toe doen. Zorg er bij alle kritieke kwesties en beslissingen voor dat u driemaal een Ja krijgt wanneer u zich afvraagt of het logisch is voor het hoofd, Hart en de Buik, voordat u verdergaat.

In dit hoofdstuk hebben we de formule voor verandering onderzocht, de rol van persoonlijke toewijding, de kracht van een positieve gedachtegang en het belang van onderscheidend vermogen in uw acties. Deze elementen zijn de bouwstenen van het Ubuntu Polder Framework, dat bedrijven in staat stelt om een positieve kracht in de wereld te worden. Het pad naar holistische bedrijfstransformatie is verlicht, en we zijn klaar om te beginnen aan een reis die de wereld ten goede kan veranderen.

Samenwerking bevorderen en draagvlak creëren binnen uw organisatie

Zodra uw gedachtegang als leider helder is en klaar voor actie, is de volgende cruciale stap om uw hele organisatie af te stemmen op uw visie. Deze afstemming vereist toegewijd werk aan de bedrijfscultuur, aangezien dit de drijvende kracht is achter succesvolle uitvoering. Hier zullen we het concrete voorbeeld onderzoeken van hoe dit bereikt kan worden.

Hoewel persoonlijke toewijding essentieel is, is het net zo belangrijk om het hele team te betrekken. Om dit te bereiken is het hebben van een duidelijke richting of overtuigende visie van kritiek belang. Dit inspireert mensen en biedt tegelijkertijd een praktisch kader. Een overtuigende visie stelt u in staat om het overkoepelende doel op te splitsen in drie of vier verschillende categorieën of prioriteiten, die vervolgens verder kunnen worden onderverdeeld in twee of drie haalbare mijlpalen. Deze systematische aanpak maakt het minder intimiderend voor teamleden om actie te ondernemen en te beginnen. Onthoud dat bijsturing altijd mogelijk is. Het op papier zetten van dit plan stroomlijnt de samenwerking. Het verduidelijkt de verbanden, maakt rollen inzichtelijk en stelt iedereen in staat onafhankelijk te werken in dezelfde richting.

Het is even belangrijk om de angsten die vaak initiatief verlammen aan te pakken en te overwinnen. Angst voor mislukking, zorgen over het verliezen van gunst bij leid-inggevenden, of de vrees om voor gek te staan bij collega's kunnen vooruitgang belemmeren. Natuurlijk zal niet elke actie tot succes leiden, vooral niet bij complexe taken waarbij meerdere mensen betrokken zijn. Daarom is het belangrijk om het beoogde resultaat vanaf het begin zo duidelijk mogelijk te definiëren.

Daarnaast is het creëren van een cultuur van psychologische veiligheid van zeer belangrijk belang. In een dergelijke cultuur kunnen medewerkers zichzelf zijn op het werk zonder angst voor oordelen. Het is een plek waar het voortbouwen op elkaars ideeën wordt aangemoedigd, waar kleine overwinningen en zelfs intelligente mislukkingen worden gevierd als onderdeel van de weg naar vooruitgang.

Het opbouwen van een sterke en gezonde teamcultuur is belangrijk voor de prestaties en effectiviteit van een team. Onderzoek suggereert dat er drie belangrijke elementen zijn die ontwikkeld en beschermd moeten worden:

1. **Psychologische Veiligheid:** Voelen teamleden zich veilig om zichzelf te uiten, vragen te stellen en zorgen te delen, respectvol met elkaar van mening te verschillen en zelfs fouten te maken? Het is belangrijk om onderscheid te maken tussen verschillende soorten fouten, zoals domme en vermijdbare fouten versus intelligente mislukkingen. Intelligente mislukkingen leiden vaak tot waardevolle leerervaringen die het team in de juiste richting stuwen en de kans op succes vergroten. Wanneer teamleden openlijk kunnen discussiëren zonder angst voor oordelen, komen diverse perspectieven naar voren en zijn mensen eerder geneigd hun mening en zorgen te uiten voordat er fouten ontstaan.

2. **Gemeenschappelijke Doelen voor Samenwerking:** Het is zeer belangrijk dat iedereen in het team begrijpt hoe hun individuele expertise en verantwoordelijkheden bijdragen aan de algemene prestaties van het team en de plaats binnen de bredere

organisatorische context. Wanneer iedereen zich richt op gemeenschappelijke doelstellingen, bevordert dit de samenwerking en een gedeeld gevoel van doelgerichtheid.

3. **Prosociaal Doel:** Het kennen van het doel van hun werk is niet genoeg; medewerkers willen ook begrijpen wie zij met hun werk dienen. Wanneer teamleden erkennen dat hun inspanningen een betekenisvolle bijdrage leveren aan de wereld en anderen positief beïnvloeden, ervaren zij het prosociale doel. Dit gevoel voedt op zijn beurt de collectieve focus en motivatie, terwijl het team samenwerkt aan een groter geheel.

Door deze drie elementen te cultiveren, kunt u een teamcultuur creëren die niet alleen goed presteert, maar ook bloeit, leert van ervaringen en toegewijd blijft aan een gedeelde missie.

In het bedrijfsleven is het vaak eenvoudig om het erover eens te zijn dat de juiste teamcultuur of bedrijfscultuur belangrijk is en zelfs om de juiste waarden vast te stellen. Leiders besteden echter vaak niet genoeg tijd aan het omzetten van deze gewenste cultuur naar een geleefde realiteit op de werkvloer. De cultuur wordt vaak gedefinieerd tijdens een topleiderschap retraite en wordt een abstracte reeks woorden en verklaringen op papier.

In mijn rol als hoofd van 23 landen in een nieuwgevormde regio, realiseerde ik me dat ik het beter moest doen. Groepsdynamiek valt niet vanzelf in lijn. Verschillende silo's creëren een "wij-zij" situatie, zowel verticaal als horizontaal, wat leidt tot suboptimale betrokkenheid onder medewerkers. Om de cultuur concreet en tastbaar te maken, werkten we samen met een Zuid-Afrikaans bedrijf genaamd Blueprint.

Voordat we met Blueprint in zee gingen, werkten we al aan de fundamenten van het opbouwen van onze bedrijfscultuur. Ik vereiste van het volledige managementteam om 'leiderschap op de werkvloer' te praktiseren. We hielden honderden townhall-bijeenkomsten die alle locaties en geografische gebieden minimaal elk kwartaal bestreken. We richtten ons op de bewuste rode draad van opname en inclusie, met als doel alle medewerkers samen te brengen, niet alleen in hun gedachten maar ook in hun hart. We legden de nadruk op het bouwen van een organisatie waar we om elkaars veiligheid geven, waar u uzelf kunt zijn, waar u wordt verteld wat er werkelijk gaande is, waar uw sterke punten worden versterkt, waar uw dagelijkse werk bevredigend is, en waar onnodige regels niet bestaan.

Met Blueprint hebben we onze cultuur samen gecreëerd met de betrokkenheid van meer dan 95% van alle medewerkers, en we noemen dit onze "winnende formule." Het begon met duidelijkheid van het leiderschap over de "picture of success" maar vroeg vervolgens de mening van de hele organisatie, waarbij volledige inclusiviteit werd gewaarborgd. Deze kwantificering leidde tot een wetenschappelijk onderbouwde weergave van de absolute waarheid van de huidige cultuur en discussie over de prioriteitselementen van de gewenste cultuur. Het identificeerde zowel de enablers (gedragingen die we meer willen zien) als de disablers (gedragingen die we minder willen zien).

Dit werd vervolgens gevisualiseerd door van elke "elk gedrag dat we meer willen zien" en "elk gedrag dat we minder willen zien" een icoon te maken. Deze iconen werden door de medewerkers zelf gecreëerd, waardoor ze een diepe betekenis kregen. De algemene formule, waarin versterkers bovenaan en belemmeringen onderaan zijn weergegeven, werd een visueel krachtig hulpmiddel. Door het op verschillende locaties te tonen, diende het als een dagelijkse, tastbare herinnering die doordrong tot het bewustzijn en geheugen van iedereen. Door middel van kwartaalenquêtes konden we de cultuursterkte en trends binnen de organisatie volgen en proactief mogelijke knelpunten aanpakken. Na verloop van tijd konden we cultuur zelfs gebruiken als voorspeller van welke gebieden in het bedrijf het goed zouden doen en welke waarschijnlijk slecht zouden presteren. Deze aanpak veranderde wat traditioneel wordt gezien als een "zachte" factor in een "hard" element dat de prestaties stimuleerde.

Verbreed het Veld en Creëer een Ecosysteem

Om overvloed en een betere toekomst te bereiken, moeten we erkennen dat de weg naar succes bestaat uit samenwerking binnen een breder ecosysteem. In dit ecosysteem is het idee van een win-winsituatie duidelijk gedefinieerd, waarbij mensen en organisaties samenkomen in een gig-economie benadering.

In de jaren 1930 introduceerde de Britse botanicus Arthur Tansley de term "ecosysteem" om een gemeenschap van organismen te beschrijven die met elkaar en hun omgeving interacteren, inclusief elementen zoals lucht, water en aarde. Binnen dit kader concurreren, werken samen, co-evolueren en passen organismen zich gezamenlijk aan externe veranderingen aan om te gedijen.

Dit concept werd geïntroduceerd in de zakenwereld door James Moore, die in zijn artikel uit 1993 in de *Harvard Business Review*, "Predators and Prey: A New Ecology of Competition," bedrijven in de steeds meer onderling verbonden handelswereld vergeleek met een gemeenschap van organismen die zich aanpassen en evolueren om te overleven. Moore stelde dat bedrijven niet als geïsoleerde entiteiten moeten worden gezien, maar als leden van een breder bedrijfsecosysteem dat meerdere industrieën omvat.

In de context van technologische vooruitgang en globalisering helpt het concept van een bedrijfsecosysteem ondernemingen bij het navigeren door het snel veranderende bedrijfslandschap. Moore's definitie van een bedrijfsecosysteem vat de essentie ervan samen:

"Een economische gemeenschap ondersteund door een fundament van interacterende organisaties en individuen—de organismen van de zakenwereld. De economische gemeenschap

51

produceert goederen en diensten van waarde voor klanten, die zelf ook deel uitmaken van het ecosysteem. De organismen omvatten ook leveranciers, hoofdproducenten, concurrenten en andere belanghebbenden. In de loop der tijd ontwikkelen zij gezamenlijk hun capaciteiten en rollen en neigen zij zich te richten naar de koers die wordt uitgezet door een of meer centrale bedrijven. De bedrijven die leiderschapsrollen vervullen kunnen in de loop der tijd veranderen, maar de functie van een ecosysteemleider wordt door de gemeenschap gewaardeerd omdat het de leden in staat stelt om toe te werken naar gedeelde visies, hun investeringen op elkaar af te stemmen en wederzijds ondersteunende rollen te vinden."

In essentie bestaat een bedrijfsecosysteem uit een netwerk van onderling verbonden bedrijven die dynamisch interacteren door middel van concurrentie en samenwerking om de verkoop te verbeteren en overleving te verzekeren. Dit netwerk omvat alle actoren in de waardeketen, zoals leveranciers, distributeurs, consumenten en concurrenten. Een bloeiend ecosysteem impliceert dat deelnemers gedragspatronen hebben ontwikkeld die de stroom van ideeën, talent en kapitaal door het hele systeem stroomlijnen.

In essentie is een ecosysteem een gemeenschap van levende organismen die in een specifieke omgeving met elkaar in verbinding staan. In de zakelijke context vertegenwoordigt het een doelgerichte regeling tussen meerdere entiteiten (leden) om collectieve waarde te creëren en te delen voor een gemeenschappelijke groep klanten, vaak georganiseerd door één lid. Dit zakelijke ecosysteem omvat verschillende belanghebbenden, van leveranciers tot klanten, en wordt gekenmerkt door zowel concurrentie als samenwerking. Elke entiteit binnen het ecosysteem beïnvloedt en wordt beïnvloed door de anderen, wat resulteert in een voortdurend evoluerende relatie die flexibiliteit en aanpassingsvermogen vereist, vergelijkbaar met een biologisch ecosysteem.

Dit concept sluit aan bij Ubuntu, waar samenwerking en interactie binnen de gemeenschap leiden tot bescherming, welvaart en de opbouw van bestaansmiddelen, vergelijkbaar met de Nederlandse Polders, die kleine ecosystemen waren. De Nederlandse overheid omarmde dit model en paste het toe op hun bestuurlijke aanpak door de medewerking en instemming van de overheid, werkgevers en vakbonden te zoeken voordat er actie werd ondernomen. We zien deze ecosysteembenadering steeds vaker toegepast in het bedrijfsleven nu de gig-economie werkelijkheid wordt.

FUNCTIONEREND ECOSYSTEEM

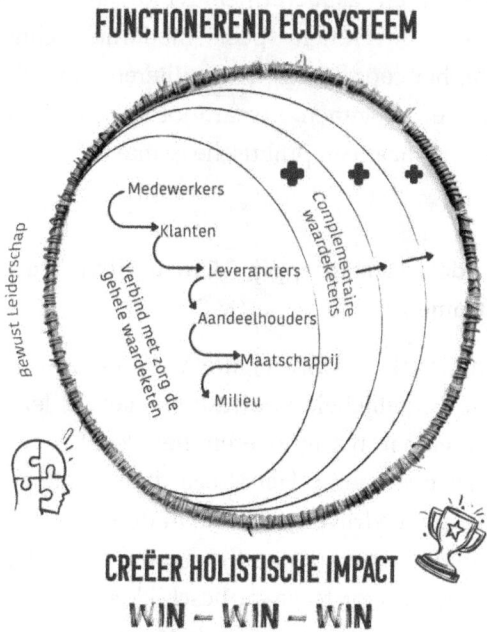

Medewerkers
Klanten
Leveranciers
Aandeelhouders
Maatschappij
Milieu

Complementaire waardeketens

Verbind met zorg de gehele waardeketen

Bewust Leiderschap

CREËER HOLISTISCHE IMPACT
WIN – WIN – WIN

In de wereld van vandaag zijn de uitdagingen waarmee we worden geconfronteerd te complex en onderling verbonden voor één enkele entiteit, of het nu een overheid, bedrijf of organisatie is, om zelfstandig aan te pakken. Samenwerking en het benutten van elkaars sterke punten en vaardigheden zijn noodzakelijk om effectief te zijn. Deze aanpak zorgt ervoor dat kennis, welvaart en middelen zich vermenigvuldigen tot overvloed.

In de praktijk vereist het vormen van partnerschappen en ecosystemen een duidelijke definitie van de voordelen voor alle betrokkenen, waarbij vanaf het begin een win-winsituatie wordt gegarandeerd om teleurstellingen te voorkomen en heronderhandeling te vermijden.

Het creëren van ecosystemen vraagt moed en kwetsbaarheid. Daarnaast zijn sterke communicatieve vaardigheden, extra inzet en vertrouwen in het team essentieel. Het vereist ook een verschuiving in denken richting circulariteit, waarbij bronnen en ideeën circuleren en zich vermenigvuldigen, wat duurzame groei bevordert. Bovendien speelt moderne technologie een cruciale rol bij het coördineren en faciliteren van communicatie binnen deze ecosystemen, waardoor ze niet alleen een mogelijkheid zijn maar een praktische realiteit.

Denk aan de Maatschappij, Circulariteit en Meerdere Inkomstenstromen

Grote multinationale bedrijven, die vaak onderwerp zijn van kritiek, zijn in werkelijkheid voortdurend aan het leren, zich aan het aanpassen en aan het innoveren, net als elke andere entiteit die streeft naar overleving. Het is een dwingende eis van onze tijd. Terwijl lokale bedrijven soms de middelen, cultuur, kennis, schaal en ambitie missen die nodig zijn om de uitdagingen van klimaatverandering aan te gaan, beschikken deze wereldwijde giganten over het bereik en de invloed om een cruciale rol te spelen in het vormgeven van een duurzame toekomst. Ze kunnen, en moeten, een positieve force for good worden, als leider van het ecosysteem en zelfs optreden als marktmakers ofwel spelbepalers.

Het is echter zeer belangrijk om te begrijpen dat dit niet geïsoleerd kan worden bereikt. Om klimaatverandering en duurzaamheidskwesties effectief aan te pakken, moeten grote bedrijven een ecosysteembenadering omarmen en circulair economisch denken adopteren. Neem bijvoorbeeld het aanzienlijke aandeel van de wereldwijde drinkwatervoorraad en CO2-uitstoot dat wordt gebruikt in de landbouw, namelijk 75%, tegenover ongeveer 5% in de industrie. Daarom moeten deze bedrijven, terwijl ze werken aan het verduurzamen van hun industriële productieprocessen, hun inspanningen uitbreiden buiten hun eigen grenzen en actief samenwerken in de gehele waardeketen.

Deze transformatie vereist een fundamentele verschuiving in de manier waarop bedrijven hun bedrijfsmodellen ontwikkelen en implementeren. Dit kan niet alleen afhangen van de visie en bereidheid tot verandering van de CEO; het vereist een breed gedragen begrip, draagvlak en een vastberaden, langetermijntoewijding die consequent wordt doorgevoerd.

Wanneer deze transformatie echter succesvol wordt uitgevoerd, zijn de voordelen niets minder dan buitengewoon. Het bedrijf begint inkomsten te genereren en waarde te creëren uit meerdere waardestromen. Het ecosysteem maakt een naadloze samenwerking van kleine ondernemende bedrijven met veel grotere organisaties. Alle medewerkers binnen de organisatie voelen een veel sterker gevoel van zingeving, wetende dat echte maatschappelijke vraagstukken worden aangepakt, zonder afval te genereren maar juist leidend tot overvloed.

Het is echter belangrijk om af te stappen van de obsessie om alleen te willen werken aan de zogenaamde "kerncompetenties" van het bedrijf. We moeten verder gaan dan deze nauwgedefinieerde kernactiviteiten en bereid zijn om nieuwe waardestromen te creëren door het geproduceerde afval op nieuwe manieren te gebruiken. Dit doet u door samen te werken met partners die meer gespecialiseerd zijn in dat gebied, waardoor een ecosysteem ontstaat.

In dit Ubuntu Polder Framework ligt de nadruk op het creëren van een win-win-win scenario, waarbij de samenleving profiteert van duurzame praktijken, bedrijven floreren door meerdere inkomstenstromen en waardecreatie, en het milieu gedijt doordat afval wordt geminimaliseerd. Het is een model dat bedrijven in staat stelt te opereren met een diepgaander doel, waarbij het conventionele winstgedreven denken wordt overstegen en in plaats daarvan een toewijding wordt bevorderd om de dringende uitdagingen van onze tijd aan te pakken. Het resultaat is een wereld waarin bedrijven fungeren als aanjagers van positieve verandering, ecosystemen harmonieus functioneren en overvloed de nieuwe norm wordt.

Het Ubuntu Polder Framework: Een voorstel voor duurzame bedrijfsvoering

Het Ubuntu Polder Framework dat ik voorstel is beïnvloed mijn Nederlandse opvoeding, mijn ervaringen in ontwikkelingslanden en mijn praktische betrokkenheid. Dit model hecht grote waarde aan individueel bewustzijn, de drang om actie te ondernemen en te presteren, terwijl het ook het belang van samenwerking en het creëren van een ecosysteem erkent. Het put inspiratie uit de onderlinge afhankelijkheid in de natuur en streeft ernaar om meerdere inkomstenstromen tot stand te brengen, wat uiteindelijk leidt tot een win-win-win scenario voor het bedrijf, de maatschappij en de natuur.

De implementatie van Het Ubuntu Polder Framework vereist een gestructureerd raamwerk dat bestaat uit een EcoSystem Scan, brainstormsessies om projecten en initiatieven te identificeren, en de essentiële stap om uw team uit te rusten met de benodigde vaardigheden.

Beoordelingsinstrument

Om bedrijven te begeleiden op hun transformatieve reis wordt een beoordelingsinstrument een onmisbare metgezel. Dit onderdeel introduceert een praktisch hulpmiddel dat de afstemming van een organisatie op het Ubuntu Polder Framework evalueert. Het is meer dan een checklist; het is een diagnostisch instrument dat sterke punten belicht, verbeterpunten identificeert en de noodzakelijke zelfreflectie voor echte transformatie stimuleert.

Om de huidige staat van een bedrijf te beoordelen op het gebied van Digitalisering, Duurzaamheid, Circulariteit en ESG, kunt u een uitgebreid beoordelingsinstrument creëren met verschillende criteria. Hier zijn de belangrijkste componenten:

1. Digitale Transformatie:

- *Technologie-infrastructuur:* Evalueer de efficiëntie en toekomstbestendigheid van de technologiestack.
- *Data-analyse:* Beoordeel het gegevensbeheer, de analytische mogelijkheden en de datagestuurde besluitvorming.
- *Digitale Strategie:* Beoordeel de afstemming van digitale initiatieven op de algemene bedrijfsstrategie.
- *Klantervaring:* Meet de digitale contactpunten en klanttevredenheid.
- *Digitale Vaardigheid van de Medewerkers:* Evalueer de noodzaak om uw medewerkers bij te scholen zodat zij zich comfortabeler voelen en de transformatie niet met angst tegemoetzien.

2. Duurzaamheid:

- *Milieu-impact:* Analyseer de CO_2-voetafdruk, het grondstoffenverbruik en het afvalbeheer van het bedrijf.
- *Duurzame Toeleveringsketen:* Beoordeel de duurzaamheidspraktijken van leveranciers en hun impact op uw bedrijf.

- *Milieuvriendelijke Producten/Diensten:* Evalueer de milieuvriendelijkheid van uw aanbod.
- *Regelgeving Naleving:* Zorg voor naleving van milieuvoorschriften.

3. Circulariteit:

- *Grondstofefficiëntie:* Analyseer hoe efficiënt grondstoffen worden gebruikt en identificeer mogelijkheden voor circulariteit.
- *Productlevenscyclus:* Beoordeel productontwerp op recyclebaarheid en herbruikbaarheid.
- *Afvalvermindering:* Evalueer afvalbeheer en recyclingprocessen.
- *Circulaire Bedrijfsmodellen:* Identificeer kansen voor circulaire bedrijfsmodellen.

4. ESG (Environmental, Social, and Governance):

- *Milieu:* Meet CO_2-uitstoot en milieu-initiatieven.
- *Sociaal:* Beoordeel diversiteit en inclusie, werknemerswelzijn en maatschappelijke betrokkenheid.
- *Bestuur:* Evalueer corporate governance, ethiek en transparantie.

5. Ecosysteem en Value Chain Interactie:

- Analyseer hoe uw bedrijf interacteert met leveranciers, klanten en partners over Digitaal, Duurzaamheid, Circulariteit en ESG.
- Beoordeel de impact op de bredere gemeenschap en belanghebbenden.

3-Stappen Roadmap

De route naar holistische bedrijfstransformatie vereist een strategische roadmap. Dit hoofdstuk onthult een duidelijke en praktische drie-stappenplan, die een gestructureerde aanpak biedt voor het invoeren van het Ubuntu Polder Framework. Van eerste vorming tot de laatste stap, elke stap is een doelbewuste beweging naar een bedrijfsparadigma dat doelstelling naast winst.

Zodra u de beoordeling heeft uitgevoerd, kunt u deze driestappen roadmap voor transformatie volgen:

Stap 1: Definieer en Prioriteer Doelstellingen

- Werk samen met het leiderschapsteam om duidelijke doelstellingen te definiëren voor Digitaal, Duurzaamheid, Circulariteit en ESG.
- Prioriteer deze doelstellingen op basis van impact en haalbaarheid.

Stap 2: Ontwerp een Holistisch Transformatieplan

- Ontwikkel een uitgebreid transformatieplan dat Digitalisering, Duurzaamheid, Circulariteit en ESG integreert in de kern van het business model.
- Stel specifieke KPI's en mijlpalen vast voor elk gebied.
- Zorg ervoor dat het plan rekening houdt met interacties met het ecosysteem en de waardeketen.

Stap 3: Implementatie en Continue Verbetering

- Voer het transformatieplan uit, waarbij alle relevante belanghebbenden worden betrokken.
- Monitor de voortgang aan de hand van de vastgestelde KPI's.
- Evalueer en pas het plan continu aan waar nodig.

59

- Communiceer voortgang en successen zowel intern als extern om vertrouwen en betrokkenheid op te bouwen.

Onthoud dat deze transformatie een voortdurend proces van groei en verbetering is. Het vereist toewijding, middelen en de bereidheid om zich aan te passen aan veranderende omstandigheden. Het Ubuntu Polder Framework, dat samenwerking en onderlinge verbondenheid benadrukt, zal waardevol zijn voor ontwikkeling naar het bedrijfsleven als een force for good.

Roadmap: De transitie van regulier zakendoen naar het omarmen van het Ubuntu Polder Framework

De implementatiestrategie bestond uit acht cruciale stappen, die hieronder worden uiteengezet.

1. Begrijpen van Ubuntu Polder Framework Principes:

- *Stel een Kernteam Samen:* Vorm een team dat zich toelegt op het begrijpen van de principes en nuances van het Ubuntu Polder Framework. Betrek leden van verschillende afdelingen waardoor diverse perspectieven worden gewaarborgd.

2. Educatieve Initiatieven:

- *Trainingsprogramma's:* Organiseer workshops en trainingsprogramma's om medewerkers op alle niveaus te onderwijzen over het Ubuntu Polder Framework, met nadruk op de holistische benadering van bedrijfstransformatie.

3. Leiderschap Afstemming:

- *Betrek Leiderschap:* Communiceer met de hoogste leiding om hun toewijding aan het Ubuntu Polder Framework te verzekeren. Zorg voor afstemming met de waarden en doelstellingen van het model.

4. Beoordeling van Huidige Praktijken:

- *Holistische Bedrijfsanalyse:* Evalueer bestaande bedrijfspraktijken en identificeer gebieden waar de Ubuntu Polder Framework-principes naadloos kunnen worden geïntegreerd.

5. Stakeholder Betrokkenheid:

- *Identificeer Stakeholders:* Breng belangrijke stakeholders in kaart, waaronder medewerkers, klanten, leveranciers en gemeenschappen. Ontwikkel strategieën voor betekenisvolle betrokkenheid en samenwerking.

6. Circulariteit Opname:

- *Circulaire Economie Workshops:* Organiseer workshops om circulaire economie concepten te introduceren. Verken mogelijkheden om circulariteit te integreren in productontwerp, productieprocessen en afvalbeheer.

7. ESG Opname:

- *ESG Training:* Verzorg uitgebreide training over Environmental, Social, and Governance (ESG) principes. Stem bedrijfsstrategieën af op ESG-doelstellingen om duurzaamheid te bevorderen.

8. Digitale Transformatie:

- *Technologie-opname:* Initieer een digitale transformatie door technologie te integreren. Technologie wordt geïntegreerd om efficiëntie, transparantie en innovatie in alle bedrijfsfuncties te verbeteren.

- *Opzetten Besturingsmodel:* Stel een Maandelijks Stuurcomité in met de CEO als sponsor. Betrek een multidisciplinair team van directeuren. Benoem een algemene Digital Initiatives Lead en een algemene Circularity / Sustainability Initiatives Lead. Deze leads werken samen met digitale of duurzaamheidsexperts die elke functie en locatie vertegenwoordigen.

9. **Duurzaamheidsinitiatieven:** *Duurzaamheidsprojecten:* Implementeer duurzaamheidsinitiatieven zoals de het gebruiken van hernieuwbare energie, afvalvermindering en milieuvriendelijke verpakkingen. Zorg ervoor dat deze initiatieven aansluiten bij de doelstellingen van het Ubuntu Polder Framework.

10. **Coöperatieve Bedrijfsaanpak - Partnerships Bouwen:** Bevorder samenwerkingen met belanghebbenden, leveranciers en concurrenten om een coöperatieve bedrijfsomgeving te creëren. Focus op het gezamenlijk creëren van waarde en het realiseren van wederzijds voordeel.

11. **Gemeenschapsgerichte Projecten - Lokale Gemeenschapsbetrokkenheid:** Ontwikkel en voer projecten uit die direct een positieve impact hebben op lokale gemeenschappen. Geef prioriteit aan initiatieven die maatschappelijke behoeften en milieukwesties aanpakken.

12. **Continue Verbetering - Feedbackloops:** Stel mechanismen in voor continue feedback van medewerkers, klanten en belanghebbenden. Gebruik deze input om bedrijfspraktijken afgestemd op de Ubuntu Polder Framework-principes te verfijnen en te verbeteren.

13. Prestatiemetingen en Rapportage - Ontwikkel Metrieken: Definieer kritieke prestatie-indicatoren (KPI's) die succes meten qua maatschappelijke impact, milieubeheer en tevredenheid van belanghebbenden. Rapporteer regelmatig over voortgang en prestaties.

14. Leiderschapscommunicatie - Interne en Externe Communicatie: Informeer openlijk over de inzet van de organisatie aan het Ubuntu Polder Framework. Deel succesverhalen, uitdagingen en toekomstaspiraties met zowel interne als externe doelgroepen.

15. Iteratieve Aanpassing - Aanpassing aan Veranderende Realiteiten: Blijf wendbaar en sta open voor het aanpassen van de Ubuntu Polder Framework-strategieën op basis van veranderende bedrijfslandschappen, maatschappelijke behoeften en milieu-uitdagingen.

Door het opzetten van een besturingsmodel, inclusief een Maandelijks Stuurcomité en toegewijde leads, kunnen bedrijven zorgen voor een duurzame betrokkenheid en samenwerking gedurende het hele implementatieproces van het Ubuntu Polder Framework. Deze structuur maakt efficiënte coördinatie, toezicht en opname van digitale en duurzaamheidsinitiatieven mogelijk in alle functies en locaties.

Hier is een vereenvoudigd diagram dat de roadmap weergeeft voor de overgang van de traditionele aanpak naar het omarmen van het Ubuntu Polder Framework, inclusief het bestuursmodel:

1. Begrip van de Ubuntu Polder Framework-aanpak
2. Educatieve Initiatieven
3. Afstemming van Leiderschap
4. Beoordeling van Huidige Praktijken
5. Betrokkenheid van Belanghebbenden
6. Circulariteitsopname
7. ESG-opname
8. Digitale Transformatie + Governance Setup

9. Duurzaamheidsinitiatieven
10. Coöperatieve Bedrijfsaanpak
11. Gemeenschapsgerichte Projecten
12. Continue Verbetering
13. Metrieken en Rapportage
14. Leiderschapscommunicatie
15. Iteratieve Aanpassing

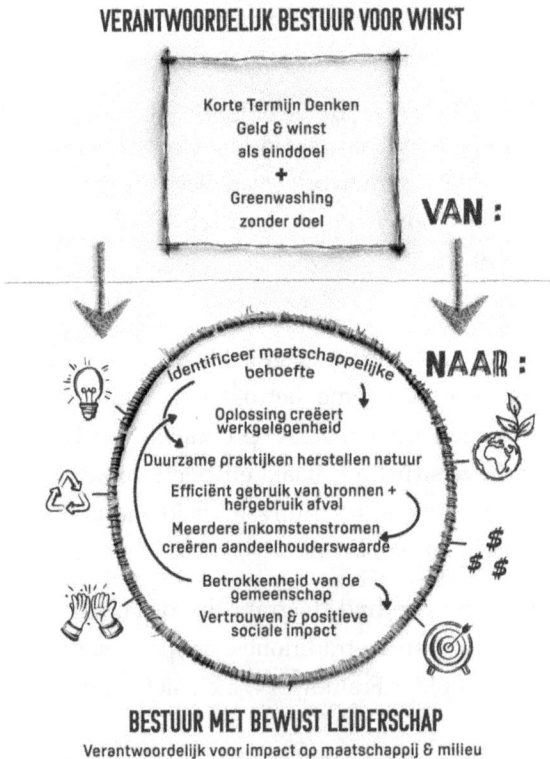

VERANTWOORDELIJK BESTUUR VOOR WINST

Korte Termijn Denken
Geld & winst
als einddoel
+
Greenwashing
zonder doel

VAN :

identificeer maatschappelijke behoefte

NAAR :

Oplossing creëert werkgelegenheid

Duurzame praktijken herstellen natuur

Efficiënt gebruik van bronnen + hergebruik afval

Meerdere inkomstenstromen creëren aandeelhouderswaarde

Betrokkenheid van de gemeenschap

Vertrouwen & positieve sociale impact

BESTUUR MET BEWUST LEIDERSCHAP
Verantwoordelijk voor impact op maatschappij & milieu

Dit diagram schetst de opeenvolgende stappen in het transitieproces, met nadruk op de onderlinge verbondenheid van elke fase. Het besturingsmodel (8. Digitale Transformatie + Governance Setup) is een zeer belangrijk element om effectieve coördinatie en toezicht gedurende de hele reis te waarborgen.

Implementatie - Het Structureren van Holistische Bedrijfstransformatie - Een Alomvattende Aanpak

Het theoretische wordt praktisch terwijl we de complexiteit van het invoeren van het Ubuntu Polder Framework verkennen. Dit onderdeel biedt een uitgebreide aanpak, met gedetailleerde beschrijving van de noodzakelijke organisatorische verschuivingen, culturele aanpassingen en leiderschapsherzieningen die vereist zijn voor een succesvolle transitie. Het is een blueprint voor leiders die klaar zijn om te beginnen aan de transformatieve reis van hun bedrijfshervorming vanaf de kern.

In de volgende hoofdstukken zullen we elk element uitdiepen, waarbij we theorie en toepassing verweven, om leiders toe te rusten met de kennis en hulpmiddelen die nodig zijn om het Ubuntu Polder Framework te omarmen en de rol van het bedrijfsleven in onze onderling verbonden wereld te herdefiniëren.

Bij de verschillende transformatietrajecten die ik ben gestart, erkende ik als constante factor het belang van het opzetten van een duidelijke governancestructuur om holistische verandering te stimuleren. Deze structuur was ontworpen om digitalisering, duurzaamheid, circulariteit en ESG in de kern van ons bedrijfsmodel te verankeren. Zo hebben we de implementatie gestructureerd:

1. *Executive Committee Steerco:* Op het hoogste niveau van onze organisatie hebben we een cross-functionele Steerco (Stuurgroep) gevormd onder leiding van het Executive Committee. Als CEO nam ik de rol van algemeen sponsor op mij. Deze Steerco was verantwoordelijk voor het bieden van strategisch toezicht en sturing voor de gehele transformatiereis.

2. *Champion Networks:* Om ervoor te zorgen dat de transformatie de nodige impact en reikwijdte had, hebben we twee netwerken van champions opgezet, elk gericht op specifieke gebieden van de transformatie:

- Duurzaamheids- en Circulariteitsnetwerk: Dit netwerk was toegewijd aan het stimuleren van initiatieven in duurzaamheid en circulariteit. Hun rol was het identificeren, ondersteunen en coördineren van projecten binnen hun respectievelijke functies en locaties die in lijn waren met deze doelstellingen.
- Digitaliseringsnetwerk: Het digitaliseringsnetwerk concentreert zich op het benutten van de kracht van technologie om onze business vooruit te helpen. Zij waren verantwoordelijk voor het verkennen en invoeren van digitale oplossingen en mogelijkheden.

3. *De 80-20 Regel:* We volgden het principe dat 20 procent van de individuen doorgaans 80 procent van de verandering teweegbrengt. Met dit in gedachten selecteerden we zorgvuldig individuen binnen de organisatie die het potentieel en de passie hadden om deze aanjagers van verandering te zijn. Deze champions werden geïdentificeerd als de belangrijkste actoren om de transformatie-inspanningen te leiden.

4. *Training en Capaciteitsopbouw:* Eenmaal geïdentificeerd, ontvingen deze champions uitgebreide training om hun capaciteiten te versterken. Deze training was belangrijk om hen uit te rusten met de vaardigheden en kennis die nodig waren om de verandering binnen hun respectievelijke functies effectief te leiden.

5. *Identificeren van Kerngebieden:* De champion networks speelden een centrale rol bij het identificeren van kerngebieden binnen hun functies die aandacht en transformatie vereisten. Ze fungeerden als interne veranderingsagenten die kansen en uitdagingen binnen hun domeinen konden herkennen.

6. *Externe Partnerschappen:* In erkenning van de behoefte aan externe expertise en samenwerking, coördineerden deze champions ook met externe partners die de transformatie-inspanningen konden versnellen. Dit omvatte het vormen van allianties

met organisaties en experts in duurzaamheid, circulariteit en digitalisering.

7. *Inspiratie en Afstemming:* Om het initiatief te starten, nodigden we Professor Gunter Pauli uit om onze top 250 Senior Leaders toe te spreken. Zijn inzichten en expertise hielpen om ons senior leadership te inspireren en de toon te zetten voor de transformatie op dit gebied. Evenzo brachten we digitale experts in om de mogelijkheden van slim ingezette technologie aan onze leiding te tonen, hen af te stemmen op de digitaliseringsdoelstellingen, en zeer belangrijk, de angst voor digitalisering weg te nemen door te laten zien hoe het hun werk vervullender en bevredigender kon maken door alle aspecten van werk te verwijderen die Saai, Vies of Gevaarlijk (de 3Ds; Dull, Dirty of Dangerous) zijn.

8. *Lead/Coördinator voor Champion Networks:* Elk van de champion networks had een aangewezen lead of coördinator. Deze individuen waren verantwoordelijk voor het samenvatten van de ondernomen acties, het volgen van de voortgang en het aanpakken van eventuele obstakels waar de champion teams tegenaan liepen. Ze bereidden ook de agenda voor de maandelijkse Steerco-vergaderingen voor, om ervoor te zorgen dat voortgang en uitdagingen regelmatig op het hoogste niveau werden beoordeeld.

Door de implementatie op deze manier te structureren, konden we een robuust kader creëren dat niet alleen samenwerking en innovatie bevorderde, maar ook zorgde dat de hele organisatie was afgestemd op de holistische bedrijfstransformatiedoelstellingen. Deze aanpak stelde ons in staat om verandering effectief door te voeren, waarbij we de uitdagingen en kansen aanpakten die digitalisering, duurzaamheid, circulariteit en ESG in de kern van ons bedrijfskader presenteerden.

HOOFDSTUK 4: TOEPASSINGEN VAN HET UBUNTU POLDER FRAMEWORK: VERANDERING INVOEREN

VERANDERING REALISEREN IN VERSCHILLENDE BEDRIJFSFASES

Met de Nederlandse uitdrukking "Geen woorden maar daden" als uitgangspunt, beginnen we aan een pragmatische reis. In de voorgaande hoofdstukken hebben we ons verdiept in de beweegredenen achter het Ubuntu Polder Framework, de fundamentele pijlers besproken en het raamwerk uiteengezet. Nu verschuift onze focus van theorie naar praktijk terwijl we de praktische toepassing van dit transformatieve model belichten.

In deze sectie onthullen we het Ubuntu Polder Framework in actie, gedemonstreerd door concrete voorbeelden uit verschillende landen en scenario's, die de hele supply chain doorlopen, van de upstream processen naar de midstream initiatieven en verder naar de downstream resultaten. Elke casestudy is een bewijs van de aanpasbaarheid en effectiviteit van het model, en toont aan hoe het samenwerking bevordert, duurzame praktijken stimuleert en holistische waarde genereert.

Echter, ik wil eerst kort mijn fundamentele ervaringen delen die

mijn benadering van zakendoen en leiderschap hebben
gevormd.

Het Begin van een Wereldwijde Odyssee: Vroege Carrièrestappen en Bekrachtigende Ervaringen

In mijn weelderige jonge jaren begon ik aan een reis die continenten en culturen oversteeg en mijn wereldbeeld vormde. Tussen het afronden van de middelbare school en het begin van mijn universitaire studie, leidde een gelukkige omweg mij naar een stage van twee maanden bij France Glaces Findus, Nestlé France, wat de basis legde voor een transformerende ervaring in de lichtstad.

Parijs, met zijn betoverende straten, vormde het decor van mijn eerste kennismaking met het bedrijfsleven op de jonge leeftijd van 18 jaar. De transparante waardeketen en bekende merken van Nestlé prikkelden mijn verbeelding. Het gevoel van bekrachtiging dat ik kreeg door het vertrouwen om veranderingen door te voeren in een multinational, voedde mijn passie.

Aangezien ik twee stages van elk zes maanden moest voltooien als onderdeel van mijn universitaire opleiding, solliciteerde ik opnieuw bij Nestlé Frankrijk en kreeg ik de kans om te werken in de verkoopadministratie van de exportafdeling. Ik voelde me opnieuw gesterkt toen ik de procesverbeteringen die ik voorstelde mocht invoeren. In mijn derde jaar aan de universiteit ging mijn reis verder dan de grenzen van het Westen, toen ik, aangetrokken door de belofte van de ontwikkelingslanden, op zoek ging naar een stage in Azië. Afwijzingen door Nestlé-vestigingen in Azië vanwege taalbarrières versterkten mijn doorzettingsvermogen. Vastbesloten om door te breken, schreef ik me in voor een intensieve cursus Indonesische taal en cultuur, waarmee ik een culturele laag toevoegde aan mijn streven.

Het keerpunt kwam met een telefoontje naar Denis Chavanis, de Commercieel Directeur van Nestlé Indonesië. Er volgde een dialoog, een dans van onderhandeling en toewijding. De warmte van persoonlijke interactie weerspiegelde zich in zijn lach, die weerklonk toen hij opnieuw om mijn CV vroeg, aangezien hij mijn eerste CV had weggegooid.

Bij aankomst in Jakarta voor mijn stage, zette onze dialoog zich voort. Denis Chavanis vroeg in een openhartig moment naar mijn eerdere verdiensten bij Nestlé Frankrijk. Zijn reactie, een aanbod om dat bedrag te verdubbelen, weerspiegelde niet alleen zijn toewijding maar voedde ook mijn vastberadenheid. De uitdagingen werden met enthousiasme aangegaan, waarbij ik overdag aan supply chain-vraagstukken werkte en 's nachts aan marketingprojecten.

Het hoogtepunt van mijn stage ontvouwde zich toen ik aanbevelingen presenteerde aan het Management Committee van Nestlé Indonesië. Mijn voorstel voor het oprichten van een Logistieke afdeling werd omarmd, wat het begin markeerde van een transformatieve reis. Toen ik terugkeerde naar de universiteit, wierp de aanbeveling voor logistieke en supply chain opname zijn vruchten af, wat de impact van individueel initiatief symboliseerde.

Dit deel van de reis omvat niet alleen de professionele mijlpalen, maar ook de persoonlijke onderhandelingen, het genot en de gedeelde toewijding die mijn eerste jaren vormden. Van de romantische aantrekkingskracht van Parijs tot de levendige straten van Jakarta, dit hoofdstuk zet de toon voor de symfonie van bekrachtiging, veerkracht en het onophoudelijke streven naar groei—een voorspel op een carrière verweven met Ubuntu Polder principes.

Na het afronden van mijn studie, viel ik voor de aantrekkingskracht van het expatleven bij Nestlé. De reis begon op 22-jarige leeftijd en voerde mij door acht landen op drie continenten. In Jakarta kwamen mijn persoonlijke en professionele werelden samen toen ik mijn vrouw ontmoette en de basis legde voor een internationaal gezin.

Innoveren in Upstream, Midstream en Downstream

Succes Brouwen in de Tropen: Van Bali naar Hanoi

Het moment dat ik voor het eerst uit het vliegtuig stapte in Indonesië voelde als het betreden van de krokodillenafdeling van Diergaarde Blijdorp. Het vochtige gordijn omhulde me, vergezeld door de geur van kruidnagelsigaretten, die me deed denken aan mijn bezoeken aan de Indonesische Ambassade in Den Haag voor visum formaliteiten. Het was een overweldiging van zintuigen—exotisch, nieuw, intens en volkomen betoverend.

Tijdens mijn jaren in Indonesië werden het belang van Supply Chain en de essentie van holistische optimalisatie kristalhelder. Na mijn voorstel van de opzet van een Logistieke afdeling aan het einde van mijn stage, bevond ik mij niet alleen opnieuw in het bedrijf, maar dompelde ik mezelf meer dan twee jaar onder in de operationele activiteiten. Mijn focus verschoof naar orderverwerking, waar ik de administratieve aanpak revolutionair veranderde van product-centrisch naar klant-centrisch. Zo introduceerde ik een nieuwe aanpak waarmee klantverzoeken sneller konden worden verwerkt, wat leidde tot een stijging van de klanttevredenheid.

Te midden van de uitdagingen en successen versprong mijn hart tussen mijn passie voor Marketing en de opkomende liefde voor Supply Chain. Deze tweestrijd kwam naar voren tijdens vrijdagsessies georganiseerd door Nandu Nandkishore, een Group Product Manager, die vrijgevig zijn marketinginzichten deelde. De tegenstrijdige gevoelens waren duidelijk, maar de ervaringen in Supply Chain werden een smeltkroes voor mijn groei.

Bij de overgang naar de Verkoop afdeling lokte het vooruitzicht om gestationeerd te worden in Bali, de dromerige vakantiebestemming. Het lot leidde mij echter naar Surabaya, een bruisende stad met haar eigen uitdagingen. Toegewezen om de Confectionery-business nieuw leven in te blazen, werkte ik nauw samen met Nandu, mijn mentor, waarbij we door de complexiteit van distributie navigeerden. Een gedurfde zet in de rosse buurt leverde bloeiende verkoopcijfers op, een bewijs van de effectiviteit van gerichte distributie.

Toen we ons in de chocoladebranche begaven, vormde het tropische klimaat een uitdaging. Het opzetten van een "koelketen" en het focussen op strategische distributiepunten werd noodzakelijk. Creativiteit bloeide op toen ik winkelcentrumevenementen organiseerde, inspelend op de groeiende gezinsgerichte cultuur. De introductie van een beroemdheid voegde een vonk toe, genereerde media-aandacht en versterkte de merkbekendheid.

Mijn neiging om interviews te geven zonder voorafgaande goedkeuring leidde echter tot een snelle reactie van het hoofdkantoor, wat resulteerde in de invoering van een media SOP (standard operating procedure). Ondanks deze kleine tegenslag zette mijn reis zich voort, en werd ik aangesteld als Sales Operations Manager, met toezicht op alle activiteiten van het filiaal.

De abrupte verschuiving van Surabaya naar Jakarta, waarbij ik me aansloot bij het Sales Marketing Productivity Team (SMPT) project, markeerde een snelle wending in mijn expat-carrière. Het SMPT-project, een onderdompeling in marketing, verkoop en supply chain optimalisatie, werd mijn praktische MBA. Het succes van het project vergrootte mijn zichtbaarheid en legde de basis voor toekomstige ondernemingen.

In Vietnam zorgden de eerste schok van de luchthaven van Ho Chi Minh City en de gedenkwaardige marktervaringen in Hanoi voor een levendig beeld van culturele contrasten. De rol van Group Product Manager voor Koffie en Dranken markeerde mijn intrede in Marketing, een domein dat ik al lang had willen omarmen.

Het koffielandschap in Vietnam onderging een wonderbaarlijke transformatie, die de opkomst van het land als 's werelds grootste Robusta-producent weerspiegelde. Mijn marketingreis ging gepaard met uitdagingen, waaronder interne weerstand en organisatorische silo's. De verandering in leiderschap bracht een meer gemotiveerde manager, wat de situatie redde en een samenwerkingsgerichte omgeving bevorderde.

Tijdens mijn ambtstermijn was er een exponentiële groei van de koffieactiviteiten. Na het herkennen van de lokale voorkeur voor verse koffie, verlegde ik strategisch de focus naar Nescafé 3in1, wat onze aanpak revolutionair veranderde. Agronomische inspanningen ondersteunden de lokale koffiebonenproductie, wat Nestlé's toewijding aan duurzame praktijken versterkte.

De daaropvolgende verhuizing naar de Filipijnen als Business Executive Officer voor Koffie markeerde een belangrijk hoofdstuk. De Filipijnen, met één van de grootste Nestlé koffieactiviteiten wereldwijd, vormden zowel een eer als een uitdaging.

Dit deel van mijn Ubuntu Polder Journey omvat het dynamische samenspel tussen persoonlijke aspiraties, professionele uitdagingen en het voortdurend veranderende landschap van de Zuidoost-Aziatische markten. Van de vochtige straten van Jakarta tot de levendige markten van Hanoi, elke stap droeg bij aan mijn holistische begrip van zaken doen en versterkte de Ubuntu Polder-principes.

Voordat we ingaan op de verhelderende praktijkvoorbeelden van het Ubuntu Polder Framework in actie, moeten we kort twee essentiële elementen introduceren die de praktische implementatie van het model ondersteunen: Innovatie en Technologie. Deze elementen zijn zeer belangrijk bij het vormgeven van de succesverhalen die we gaan onthullen, fungeren als katalysatoren voor transformatie en stellen het

Ubuntu Polder Framework in staat zijn volledige potentieel te ontplooien.

Innovatie Benutten: een Ubuntu Polder Framework Benadering

Deze sectie duikt in het dynamische domein van innovatie binnen de context van het Ubuntu Polder Framework. Het onderzoekt hoe dit model dient als katalysator voor het benutten van innovatie in zijn kern. Door Afrikaanse wijsheid en Nederlandse vindingrijkheid met elkaar te verweven, onthullen we een unieke benadering die niet alleen technologische vooruitgang omarmt, maar ook zorgt dat deze in lijn is met duurzame en rechtvaardige principes.

"Embrace Innovation" is een fundamentele pijler van het Ubuntu Polder Framework, met impact op individuen, organisaties en samenlevingen. Deze toewijding aan innovatie wordt niet beperkt door geografische grenzen, culturele verschillen of bedrijfshiërarchieën. In plaats daarvan straalt het uit van elk lid van de organisatie, met een eenvoudige leidraad die ik het zakelijke ABC noem: "A" voor aandacht voor detail, "B" voor de moed om problemen te escaleren (be Brave), en "C" voor onverminderde nieuwsgierigheid (Curiosity). Innovatie behoort niet toe aan een specifiek team of afdeling; het zou door elke laag van de organisatie moeten doordringen.

Het aanmoedigen van elke afdeling om creativiteit en innovatie te omarmen is vergelijkbaar met het ontsluiten van een schatkist vol mogelijkheden. De essentie van innovatie ligt in de kracht van nieuwsgierigheid en de vrijheid om vragen te stellen, hoe onconventioneel deze ook mogen lijken. Het gaat om het creëren van een cultuur waarin innovatie een natuurlijk bijproduct wordt. Wanneer teams worden gestimuleerd om creatief te denken, ontdekken ze ingenieuze oplossingen, stroomlijnen ze hun processen en verleggen ze hun focus naar wat er werkelijk toe doet.

Ik daag consequent elk lid van de organisatie uit om na te denken over een eenvoudige maar diepgaande vraag: "*Wat als* we specifieke uitdagingen binnen onze afdeling of verantwoordelijkheidsgebied kunnen verbeteren of oplossen die ons leven en werk drastisch veranderen?*" Deze uitdaging dient als een open uitnodiging om groots te denken en, nog belangrijker, om die innovatieve ideeën om te zetten in concrete acties. Door dit te doen, transformeren we innovatie van een theoretisch concept naar een praktische en impactvolle kracht die onze gezamenlijke reis vormgeeft.

Technologie Maximaliseren: een Ubuntu Polder Framework Perspectief

Verder dan alleen aanname, belicht dit deel het onderscheidende perspectief van het Ubuntu Polder Framework op het maximaliseren van technologie. Het gaat niet alleen om het gebruik van technologie omwille van efficiëntie; het gaat erom technologie in te zetten als een krachtig instrument om positieve maatschappelijke en ecologische impact te realiseren. Deze verkenning werpt licht op hoe het kader door het complexe technologische landschap navigeert, terwijl het trouw blijft aan zijn fundamentele principes.

In het hedendaagse landschap fungeert technologie als een formidabele drijvende kracht, maar het is belangrijk om onderscheid te maken tussen technologie en het domein van sociale media. Terwijl sociale mediaplatforms vaak bijdragen aan de groeiende kloof van polarisatie door geprogrammeerde algoritmes die voorrang geven aan controversiële inhoud, omvat technologie een breder doel. Polarisatie ontstaat vaak door een gebrek aan empathie, waarbij diepgewortelde overtuigingen de dialoog belemmeren. De opkomst van Web 3.0 biedt hoop bij het aanpakken van deze problemen die zijn geërfd uit het Web 2.0-tijdperk, en bevordert meer constructieve online interacties.

Naarmate onze wereld steeds meer geautomatiseerd en gedigitaliseerd wordt, worden computers steeds bekwamer in het uitvoeren van taken die precisie en berekening vereisen. Dit biedt mensen een unieke kans om zich te richten op inspanningen die emotionele intelligentie en ethisch inzicht vereisen, en zo de koers van kunstmatige intelligentie en technologie te sturen. Het Ubuntu Polder Framework, met zijn toewijding aan duurzaamheid, circulariteit en het verstandig gebruik van technologie, biedt een blauwdruk voor het transformeren van uitdagingen.

Mijn Tijd in de Filipijnen: Het Omarmen van het Ubuntu Polder Framework

Voortbouwend op persoonlijke ervaringen in de Filippijnen, biedt dit deel een eerstehands verslag van het omarmen van het Ubuntu Polder Framework in een specifieke culturele en economische context. Het beschrijft de nuances van het toepassen van de principes van het model in een diverse omgeving, en illustreert hoe culturele sensitiviteit en aanpassingsvermogen belangrijk zijn voor de succesvolle implementatie van transformatieve verandering.

In het hart van de Filipijnen, te midden van de betoverende schoonheid en complexe uitdagingen, had ik het voorrecht om de principes van het Ubuntu Polder Framework toe te passen om een positieve impact te creëren. De Filipijnen worstelden, net als veel ontwikkelingslanden, met corruptie, armoede en ernstige inkomensongelijkheid. De geschiedenis, getekend door politieke onrust en opstanden, weerspiegelde een land dat worstelt maar ook veerkracht toont. Toen ik de volledige P&L-verantwoordelijkheid voor de Coffee Business op me nam, voelde ik de druk om een dalende maar winstgevende onderneming nieuw leven in te blazen. Maar dit was meer dan een zakelijke uitdaging; het was een onderdompeling in de onderling verbonden levens van onze uitgebreide value chain.

"Team, laten we onze kantoren verlaten, modderige laarzen aantrekken en de tropische landschappen van de Filipijnen verkennen," verklaarde ik aan mijn team. Samen doorkruisten we de zonovergoten koffieplantages, waar we deelnamen aan het arbeidsintensieve, door mieren geplaagde proces van het oogsten van rijpe koffiebessen. Deze praktijkervaring belichaamde de toewijding van het Ubuntu Polder Framework om de realiteit ter plaatse te begrijpen.

Onze reis ontvouwde zich verder langs onze inkoopcentra en koffiefabriek, waar we getuige waren van de alchemie van het roosteren tot het maken van oploskoffie. We verkenden lokale cafés, ontcijferden de "koffiesfeer" en dompelden onszelf onder in de taal van menu's en consumentengedrag.

Maar onze missie was diepgaander dan alleen het verhogen van de winst. Het ging om het versterken van de positie van lokale koffieboeren, wier levensonderhoud werd bedreigd door de instroom van Vietnamese bonen. De Filipijnen, van oudsher een koffiegigant, verkeerden in een crisis. Om Nescafé nieuw leven in te blazen, lanceerden we de Koffie en Gezondheid campagne, niet alleen als marketingstrategie maar als katalysator voor positieve verandering.

"Versterk de radiocommunicatie bij de inkoopstations, informeer boeren over wereldwijde prijzen," instrueerde ik, met als doel tussenpersonen uit te schakelen en eerlijke inkomsten voor boeren te waarborgen. We introduceerden "modelboeren" om het goede voorbeeld te geven, waarbij duurzame praktijken zoals "intercropping" en organische bemesting werden geïmplementeerd.

Toen Nescafé zijn 70-jarig jubileum vierde, hebben we niet alleen stilgestaan bij deze mijlpaal; we publiceerden een boek

"Kapihan", een getuigenis van onze reis en een communicatie-arsenaal voor onze PR-campagne. Tegelijkertijd werd de Coffee 101 training geboren, waardoor onze kennis niet beperkt bleef tot onze organisatie maar toegankelijk werd voor iedereen.

In het besef van onze verantwoordelijkheid als leiders van het ecosysteem in de koffie-industrie in de Filipijnen, streefden we ernaar om conventionele zakelijke grenzen te overstijgen. Vanuit deze geest ontstond het idee om een lokale afdeling van het Sustainable Agriculture Initiative (SAI) op te richten.

Het Sustainable Agriculture Initiative, gevestigd in Brussel, had wereldwijde richtlijnen opgesteld voor duurzame landbouw, waaronder de Common Code for Coffee (CCCE). Nestlé was als oprichtend lid een belangrijke deelnemer aan deze initiatieven. De uitdaging was echter om deze wereldwijde richtlijnen naar de lokale context in de Filipijnen te vertalen.

De visie was helder—een platform creëren waar spelers uit de sector gezamenlijk de mondiale SAI-richtlijnen konden aanpassen en vertalen, om ervoor te zorgen dat ze aansloten bij de unieke omstandigheden en uitdagingen van Filipijnse koffieboeren.

Er werd een oproep gedaan aan de belangrijkste belanghebbenden in de lokale koffie-industrie. Vertegenwoordigers uit verschillende segmenten—van boeren en agronomen tot verwerkers en distributeurs—kwamen samen met een gedeeld doel. De eerste bijeenkomsten waren een symfonie van diverse stemmen, waarbij ieder zijn inzichten bijdroeg over hoe de mondiale richtlijnen effectief konden worden gelokaliseerd.

Tijdens het verdiepen van de discussies werd duidelijk dat het aanpassingsproces een diepgaand begrip vereiste van het complexe web van uitdagingen waarmee onze lokale boeren worden geconfronteerd. De weelderige landschappen van de Filipijnen, hoewel schilderachtig, verborgen de complexiteit van een sector die worstelt met kwesties zoals schommelende wereld prijzen, traditionele landbouwmethoden en de impact van klimaatverandering.

Het traject om SAI-richtlijnen te lokaliseren verliep niet zonder hindernissen. Het vereiste een delicate balans tussen het behouden van de integriteit van de mondiale standaarden en het aanpassen ervan aan de specifieke behoeften van Filipijnse koffieboeren. De discussies werden soms intens, wat de passie en toewijding weerspiegelde van elke deelnemer om een betekenisvolle bijdrage te leveren aan het initiatief.

Geleidelijk ontstond er consensus en kreeg een raamwerk vorm. De lokale afdeling zou geen simpele kopie worden van mondiale standaarden; het zou een dynamische entiteit worden die zich kon ontwikkelen in lijn met het voortdurend veranderende landschap van de Filipijnse landbouw.

Het aanpassingsproces omvatte een vertaling van de richtlijnen naar uitvoerbare plannen. Dit betekende het creëren van een roadmap die rekening hield met de realiteit ter plaatse—van de soorten koffie die werden verbouwd tot de uitdagingen waarmee boeren werden geconfronteerd tijdens het oogsten en verwerken.

Om de duurzaamheid van het initiatief te waarborgen, streefden we ernaar om samenwerking tot stand te brengen buiten onze bedrijfsmuren. Door NGO's, overheidsinstanties en zelfs academische instellingen bij het gesprek te betrekken, werd de dialoog verrijkt en werd de reikwijdte van onze collectieve impact vergroot.

Eindelijk werd het lokale SAI-chapter in de Filipijnen officieel opgericht. Het was een bewijs van de toewijding van de industrie aan duurzame praktijken en markeerde een belangrijke mijlpaal in onze reis naar holistische bedrijfstransformatie.

De impact van dit lokale chapter reikte verder dan onze grenzen. De aanpassingen die in de Filipijnen werden gedaan, vonden weerklank bij SAI gemeenschappen wereldwijd en versterkten het idee dat duurzaamheid geen one-size-fits-all concept is. Via dit initiatief hebben we niet alleen de praktijken binnen ons land naar een hoger niveau getild, maar ook bijgedragen aan een wereldwijde discussie over het belang van het afstemmen van duurzaamheidsmaatregelen op lokale contexten.

Toen de inaugurele bijeenkomsten werden afgesloten, was er een tastbaar gevoel van prestatie en eenheid onder de deelnemers. De lokale SAI-afdeling in de Filipijnen werd een baken van hoop, als symbool van de kracht van samenwerking en aanpassingsvermogen bij het bevorderen van duurzame landbouw en het transformeren van de koffie-industrie van binnenuit.

In het snel veranderende digitale landschap van 2006 omarmden we online aanwezigheid, navigeerden we door platforms zoals Friendster en voorzagen we het potentieel van Facebook in de vroege stadia in Azië. Een Digital Champion, Jason Avanca, speelde een cruciale rol bij het uitbreiden van onze online aanwezigheid en sloot zich uiteindelijk aan bij het Global Digital Acceleration team.

Mijn reis in de Filipijnen ging niet alleen over zaken; het was een verhaal van positieve verandering, gemeenschapsverbetering en kennisdeling. Het Ubuntu Polder Framework kwam volledig tot zijn recht in dit tropische paradijs, wat bewees dat een holistische aanpak blijvende en positieve verandering kon brengen in zowel het bedrijfsleven als de samenleving.

Elementen van het Ubuntu Polder Framework die werden benut:

Culturele Sensitiviteit en Aanpassingsvermogen:

Het verhaal benadrukt het belang van het begrijpen van de unieke culturele en economische context van de Filipijnen. Dit sluit aan bij het principe van het Ubuntu Polder Framework om diversiteit te omarmen en zich aan te passen aan verschillende omgevingen.

Verbondenheid en Uitgebreide Waardeketen:

De reis omvat een toewijding aan het begrijpen van de perspectieven van mensen in het veld, met name de koffieboeren. Deze praktijkervaring illustreert de nadruk van het Ubuntu Polder Framework op onderlinge verbondenheid en het erkennen van de waardeketen buiten traditionele zakelijke grenzen.

Duurzame en Circulaire Aanpak:

De transformatie gaat verder dan het verhogen van winst; het richt zich op het invoeren van een duurzame, circulaire bedrijfsaanpak. Dit sluit aan bij de kernprincipes van het Ubuntu Polder Framework om duurzaamheid in het hart van het bedrijfsmodel te verankeren.

Betrokkenheid en Bekrachtiging van de Gemeenschap:

Dit onderdeel belicht het initiatief om het team onder te dompelen in het leven van koffieboeren, waardoor de lokale koffie-industrie wordt verheven. Deze aanpak weerspiegelt de toewijding van het Ubuntu Polder Framework aan het creëren van waarde voor belanghebbenden en het bevorderen van positieve verandering binnen gemeenschappen.

Educatieve Initiatieven en Kennisdeling:

De nadruk op trainingen, kennisverspreiding en de Coffee 101 ervaringstraining weerspiegelt de toewijding van het Ubuntu Polder Framework aan onderwijs en het delen van kennis ten behoeve van alle belanghebbenden.

Milieubeheer:

De bevordering van duurzame praktijken in de koffieteelt, zoals tussenteelt, snoeien en organische bemesting, sluit aan bij de focus van het Ubuntu Polder Framework op milieubeheer en verantwoorde bedrijfspraktijken.

Industrieel Leiderschap en Samenwerking:

Door hun rol als industrieleiders te erkennen, toont het initiatief om een lokale afdeling van het Sustainable Agriculture Initiative (SAI) op te richten het principe van samenwerking en begrip voor de onderlinge verbondenheid van de mondiale gemeenschap binnen het Ubuntu Polder Framework.

Mijlpalen en Positieve Impact Vieren:

De viering van het 70-jarig jubileum van Nescafé en de publicatie van een boek tonen aan hoe het Ubuntu Polder Framework mijlpalen erkent en de kans biedt om positieve boodschappen en trots binnen de lokale koffie-industrie te verspreiden.

Digitale Innovatie en Aanpassing:

De strategische beslissing om nieuwe platforms te verkennen, waaronder Facebook, toont het aanpassingsvermogen van het Ubuntu Polder Framework en de erkenning van het belang om voorop te blijven lopen in digitale innovatie.

Zwitserland: Navigeren door Mondiale Complexiteit

Mijn professionele reis bracht mij naar Zwitserland, een land bekend om zijn adembenemende landschappen en precisie. Terwijl de treinritten van Genève naar Vevey schilderachtige taferelen toonden van blauwe meren, besneeuwde Alpen en wijngaarden tegen de heuvels, verlegde mijn focus zich naar de complexiteit van het leiden van een wereldwijde organisatie op het hoofdkantoor van Nestlé.

Belast met het toezicht op de Ontwikkelde Markten in de Coffee SBU (Strategic Business Unit), verdiepte ik mij in de complexiteit van het runnen van een multinational. In deze rol stond ik voor de uitdagingen om een gemeenschappelijke agenda te stimuleren voor gecoördineerde verandering in verschillende markten. Deze ervaring onthulde de complexiteit van een wereldwijde organisatie en benadrukte de noodzaak van een meer samenhangende aanpak van merkcommunicatie.

Als hoofd van de Communicatie-portefeuille gaf ik leiding aan de actualisering van een merkcommunicatiekader, met als doel een meer gecoördineerde en coherente merkpresentatie wereldwijd. Organisatorische veranderingen brachten echter een nieuwe hoofd SBU's met zich mee, bekend om zijn kritische normen. De uitrol van nieuwe visuele merkontwerpen werd stopgezet, ondanks positieve tests in verschillende landen. Deze ervaring benadrukte het delicate evenwicht dat nodig is bij het navigeren door organisatorische verschuivingen en het handhaven van een uniforme merkstrategie.

Een zeer belangrijk moment deed zich voor tijdens een bezoek aan Japan, waar mijn voorgestelde aanbevelingen voor een merkommekeer op weerstand stuitten van het nieuwe hoofd SBU's. Ondanks dat ik pleitte voor een samenwerkingsgerichte aanpak, bevond ik mij in een uitdagende positie. Deze ontmoeting benadrukte het belang van het creëren van een open, transparante sfeer om innovatie en constructieve dialoog te stimuleren.

Hoewel Zwitserland zijn eigen uitdagingen kende, waren er tijdens mijn periode bij de SBU belangrijke prestaties, waaronder de wereldwijde uitrol van het Nescafé plan en Coffee & Health initiatieven. De samenwerking aan de Europese uitrol van 3in1 en het creëren van een Nescafé 75-jarig jubileumboek voegden opmerkelijke hoofdstukken toe aan de reis.

Ondanks de prestaties bleef er een verlangen om terug te keren naar de dynamische markten in ontwikkelingslanden. Na dit kenbaar te hebben gemaakt aan de leiding van Nestlé, vond ik uiteindelijk een kans als Managing Director van de Tropical Cluster in Centraal-Afrika, wat mijn toewijding aan het bijdragen aan positieve verandering in opkomende markten versterkte.

Mijn Tijd in Centraal-Afrika: Het Transformeren van Verkeersveiligheid en het Aanpakken van Malaria in Kameroen

In het hart van Centraal-Afrika werd mijn tijd in Kameroen een kleurrijk canvas waarop de transformerende impact van het Ubuntu Polder Framework op verkeersveiligheid en anti-malariamaatregelen zichtbaar werd. De initiatieven "Safe Way, Right Way" en "Anti-Malaria" dienden als een baken dat het potentieel belichtte voor holistische bedrijfstransformaties, die verder reikten dan bedrijfsgrenzen en diepe impact hadden op gemeenschappen.

De ontdekkingsreis van onze familie door Kameroen bood een caleidoscoop aan ervaringen. Deze weerspraken mijn vooroordelen over een droog en dor Afrika met beelden van weelderige vegetatie en het hele jaar door regen. Een opmerkelijke reis van 1000 kilometer ontvouwde zich, van het tropische zuiden naar het woestijnachtige noorden. Tijdens deze reis werd ik in het Koninkrijk van Bafut met de eer van een prinselijke kroning onderscheiden, als erkenning voor de inzet van ons bedrijf voor gemeenschapsopbouw.

Te midden van deze diverse en levendige omgeving functioneerde de Tropical Cluster, bestaande uit Kameroen en omliggende landen, als een verzameling losse operaties. Vastbesloten om samenhang te brengen in deze diversiteit, begonnen we aan de transformerende reis om deze operaties te verenigen onder het thema "On est Ensemble" - "we zijn samen/we zijn één." Door taalbarrières, stamverschillen en economische ongelijkheden te overwinnen, bereikten we afstemming, die resulteerde in zowel zakelijk als maatschappelijk succes.

De kern van onze inspanningen was de oprichting van de "Safe Way, Right Way" Foundation, een gezamenlijk initiatief gewijd aan het aanpakken van het dringende probleem van verkeersveiligheid in de regio. Samen met Total, Brasseries du Cameroun en

andere partners, erkenden we de noodzaak van een pre-competi-
tieve inspanning om de verkeersveiligheid te verbeteren.

De stichting belichaamde de principes van het Ubuntu Polder
Framework, met samenwerking, gemeenschapsgerichtheid en
collectieve verantwoordelijkheid als leidende waarden. In een
wereld waar verkeersveiligheid een kritieke zorg is, toonde het
initiatief de kracht van bedrijven die zich verenigen om
maatschappelijke problemen aan te pakken. In de context van
Afrika's alarmerende verkeersveiligheidsstatistieken – met jaarlijks wereldwijd 1,3 miljoen verkeersdoden, waarvan Afrika 20%
voor zijn rekening neemt ondanks slechts 2% van het wereldwijde wagenpark – nam het initiatief een baanbrekende rol in. In
Kameroen, waar verkeersongevallen bijzonder dodelijk waren,
streefde de stichting ernaar een betekenisvolle impact te maken.

De kernprincipes van het Ubuntu Polder Framework zaten
verweven in het initiatief:

Samenwerking en Verbondenheid: De "Safe Way, Right Way"
Foundation verenigde bedrijven en partners in een pre-competi-
tieve inspanning. Door gedeelde verantwoordelijkheid te erkennen, zette het bedrijf zich actief in voor verkeersveiligheid.

Gemeenschapsgerichte Aanpak: In lijn met het framework gaf
het initiatief prioriteit aan gemeenschapsontwikkeling door bij te
dragen aan het welzijn en de veiligheid van lokale gemeenschappen. De bredere impact van verkeersveiligheid, buiten de
werknemers om, werd benadrukt als cruciaal voor gemeenschapsontwikkeling.

Collectieve Verantwoordelijkheid: Nestlé erkende als verantwoordelijke onderneming de gedeelde verantwoordelijkheid voor
verkeersveiligheid. Het initiatief koppelde erkeersveiligheid aan
zakelijke factoren zoals ziekteverzuim, productiviteit en
merkimago.

Anti-Malaria Initiatief: Binnen onze activiteiten was malaria de
belangrijkste oorzaak van verzuim. Hoewel er geen vaccin

beschikbaar was, konden eenvoudige maatregelen het risico op besmetting aanzienlijk verminderen. In 2013 lanceerden we de Anti-Malaria campagne, met een checklist voor medewerkers en een buddysysteem voor wederzijdse verantwoordelijkheid. Deelnemers die zich aan de checklist hielden, ontvingen beloningen zoals muggenwerende middelen en klamboes. Deze aanpak verminderde niet alleen ziekteverzuim aanzienlijk, maar veranderde deelnemende gezinnen ook in voorbeeld-huishoudens, wat buren inspireerde om ook preventieve maatregelen te nemen.

De initiatieven "Safe Way, Right Way" en de Anti-Malaria campagne zijn getuigenissen van toewijding aan positieve maatschappelijke impact in Kameroen en daarbuiten. Het Ubuntu Polder Framework bood een transformatieve ervaring die de kracht van samenwerking, gemeenschapsgerichtheid en collectieve verantwoordelijkheid benadrukte bij het aanpakken van maatschappelijke uitdagingen. Terwijl ons gezinsavontuur in Kameroen ten einde liep, wachtte een nieuw hoofdstuk op mij als CEO van Nestlé Pakistan, wat het vervolg markeerde van een doelgerichte professionele reis.

Mijn Tijd in Pakistan - Het Versterken van Afgelegen Plattelandsgemeenschappen - het Deep Rural Initiative

Bij het verkennen van de landschappen van Pakistan begonnen mijn familie en ik aan een transformatieve reis, waarbij we de diepgaande impact van het Ubuntu Polder Framework op diep rurale gemeenschappen ontdekten. De kern van dit deel wordt gevormd door het verhaal van het Deep Rural Initiative, een getuigenis van duurzame ontwikkeling en het aanpassingsvermogen van het kader aan diverse sociaaleconomische realiteiten.

De toewijding om een positieve impact te hebben op de levens van mensen in afgelegen landelijk Pakistan leidde tot de start van het "Deep Rural" project. De aanhoudende uitdaging om landelijke gebieden te bereiken vanwege de aanzienlijke kosten van "last mile" bezorging vroeg om innovatieve oplossingen. Door gebruik te maken van ons bestaande melkcollectienetwerk, dat regelmatig dorpen bezocht voor het ophalen van melk, transformeerden we deze ritten in kansen voor productdistributie. Ons eenvoudige inzicht was dat onze melkcontainers toch al naar deze dorpen gingen om melk op te halen. In plaats van er leeg heen te gaan en terug te komen met de melk, ontwierpen we een extra box op de vrachtwagen om de relevante producten te laden en naar onze melkcollectiecentra te brengen.

We werkten met onze collectanten en rustten ze uit met training in magazijnbeheer, productkennis en verkoopvaardigheden. Zo konden ze hun tijd tussen melkcollecties benutten om onze producten te distribueren naar dorpswinkels. Tegelijkertijd hebben we werkloze vrouwen in deze gebieden versterkt door middel van gespecialiseerde training in voeding, hygiëne en productkennis. Deze vrouwen werden veranderingsagenten, die informatiesessies organiseerden voor huisvrouwen en productmonsters aanboden. Dorpsevenementen voor sampling en branding versterkten onze aanwezigheid verder. Via dit initiatief hebben we de laatste kilometer overbrugd terwijl we activaties uitvoerden voor betaalbare en voedzame producten.

In semi-rurale gebieden ontvouwde zich een parallel programma om werkgelegenheid te stimuleren en productdistributie te verbeteren. In samenwerking met het Benazir Income Support Programme (BISP), een overheidsinitiatief dat vrouwen versterkt door middel van onvoorwaardelijke geldoverdrachten, identificeerden we vrouwen die graag betaald werk wilden verrichten.

Uitgebreide training in voeding, hygiëne, verkooptechnieken en productkennis effende de weg voor deze vrouwen om een rentevrije lening in de vorm van Nestlé producten te ontvangen. Door hun toegewijde inspanningen hebben zij niet alleen hun leningen terugbetaald, maar ook duurzame ondernemingen opgezet, waardoor zij een hernieuwd gevoel van eigenwaarde en trots hebben gekregen.

De samenwerking met Akhuwat Pakistan, het grootste rentevrije microfinancieringsprogramma, verstrekte microkredieten aan vrouwen die hun ondernemingen wilden uitbreiden. Meer dan 2.000 Pakistaanse plattelandsvrouwen begonnen aan hun reis in de detailhandel, wat een belangrijke stap betekende richting economische bekrachtiging en grotere financiële inclusie.

Als CEO in Pakistan hebben mijn familie en ik het land met open armen omarmd, waarbij we de verschillende provincies verkenden en ons onderdompelden in de rijke cultuur. Ondanks veiligheidsprotocollen heb ik elke provincie bezocht, contact gelegd met teams en distributeurs, lokale problemen begrepen en iedereen gemotiveerd.

De weekenden boden mogelijkheden om de oude stad Lahore te verkennen, met zijn smalle straten vol leven, levendige kleuren en uitnodigende smaken. Van het bezoeken van moskeeën en badhuizen tot het eindigen van de dag op een restaurantdakterras met uitzicht op de Badshahi-moskee, elke ervaring was een getuigenis van de rijkdom van de Pakistaanse cultuur.

Onze vakanties in Hunza, genesteld in de Himalaya, boden een unieke combinatie van adembenemende landschappen, bijzondere gerechten en een fascinerende cultuur. Deze interesse in lokale cultuur, eten en mensen stelde mij in staat om verbanden te leggen tussen verschillende landen en de positieve aspecten van deze schijnbaar onbegrepen plaatsen te delen op Facebook.

Tijdens mijn periode als CEO hebben we transformatieve projecten ondernomen, zoals het papierloze en geldloze Value Chain-project. Omdat we de complexiteit van het handmatige betalingssysteem voor melkcollectie erkenden, zijn we een samenwerking aangegaan met TELENOR om een mobiel betalingssysteem te introduceren. Dit stroomlijnde niet alleen de bedrijfsvoering, maar transformeerde ook het leven van analfabete boeren door hen een dagelijks inkomensoverzicht te bieden en toegang te verschaffen tot mobiele leningen. We moesten lobbyen bij de Centrale Bank, die wetgeving moest doorvoeren om de weg vrij te maken voor ons systeem, maar het was een echte win-win-win-oplossing. We raakten verlost van de zware administratie, het mobiele bedrijf opende een volledig nieuwe waardestroom, maar wat mij het meest enthousiast maakt, is de levensveranderende impact die het had op onze boeren. Velen van hen waren analfabeet en woonden vaak op enkele uren afstand van de dichtstbijzijnde bank.

Daarom hadden velen niet eens een bankrekening en wanneer ze geld nodig hadden, bijvoorbeeld voor de bruiloft van hun kind, hadden ze geen andere keuze dan naar de lokale woekeraars te gaan, die buitensporige tarieven rekenden. Veel boeren hadden leningen waarvan het jaren duurde om ze af te betalen. Dit alles veranderde met de introductie van dit mobiele betalingssysteem. Nu hadden ze een dagelijkse inkomstenregistratie van een betrouwbare bron. Hierdoor konden ze snel een goede krediet-beoordeling opbouwen en konden ze online een mobiele lening aan te vragen, vanuit het comfort van hun huis, tegen normale rentetarieven.

Het Deep Rural Initiative en andere gemeenschapsopbouwende inspanningen maakten deel uit van Nestlé's toewijding om een verantwoordelijke onderneming te zijn. Waterbesparingsiniti-atieven, waaronder certificering met WWF en samenwerking met boeren voor precisie-landbouw, toonden ook onze toewij-jding aan het aanpakken van mondiale vraagstukken.

De toewijding aan duurzame praktijken strekt zich uit tot water-behoud, en een opmerkelijk initiatief is de implementatie van Alliance for Water Stewardship (AWS) in alle wereldwijde activiteiten. Dit initiatief verbetert de waterefficiëntie, vermin-dert verbruik en bevordert verantwoord gebruik van deze vitale Hulpbron.

Nestlé staat voorop in milieuduurzaamheid, en de AWS-certificering, behaald in samenwerking met het World Wildlife Fund (WWF), is een bewijs van deze toewijding. De AWS-standaard is een uitgebreid raamwerk dat het verantwoord gebruik van water binnen de activiteiten van een bedrijf evalueert. Het beoordeelt niet alleen het interne waterbeheer, maar houdt ook rekening met externe invloeden, zoals effecten op de gemeenschap en het stroomgebied. Nestlé Pakistan was de eerste Nestlé-markt ter wereld die AWS-certificering behaalde.

De AWS-certificering overstijgt traditionele waterbeheerpraktijken. Het houdt rekening met de volledige watercyclus, van winning tot verbruik en lozing, waarbij rekening wordt gehouden met de sociale, economische en ecologische dimensies van watergebruik. De deelname van Nestlé aan dit programma toont een holistische benadering van waterbeheer die aansluit bij de principes van het Ubuntu Polder framework.

Om AWS-certificering te behalen, heeft het bedrijf verschillende waterbesparende technologieën en praktijken geïmplementeerd in zijn faciliteiten. Deze kunnen onder meer bestaan uit:

1. **Waterterugwinning- en Recyclingtechnologie:**

- Installatie van geavanceerde waterterugwinning-, behandeling- en recyclingtechnologieën in fabrieken.
- De technologie maakt het mogelijk water uit zuivelactiviteiten te hergebruiken en te recyclen, wat bijdraagt aan algemene waterbehoudsinspanningen.

2. **Precisie-landbouw en Druppelirrigatie:**

- Samenwerking met boeren om precisie-landbouw en de toepassing van druppelirrigatie te bevorderen.
- Precisie-landbouw omvat het gebruik van technologie om gewasopbrengsten te optimaliseren en tegelijkertijd

het waterverbruik te minimaliseren, wat bijdraagt aan duurzame landbouwpraktijken.

3. Gemeenschapsbetrokkenheid en Educatie:

- Betrekken van lokale gemeenschappen om bewustzijn over waterbehoud te vergroten.

- Invoeren van educatieve programma's om verantwoord watergebruik te bevorderen en gemeenschappen in staat te stellen actief deel te nemen aan waterbehoud.

Door het behalen van AWS-certificering toont Nestlé niet alleen betrokkenheid bij verantwoord waterbeheer binnen haar activiteiten, maar ook erkenning van de onderlinge verbondenheid van watervoorraden met het bredere milieu en gemeenschappen. Dit initiatief sluit aan bij de nadruk van het Ubuntu Polder Framework op samenwerking, gemeenschapsgerichte benaderingen en collectieve verantwoordelijkheid.

Het behalen van AWS-certificering is geen eenmalige prestatie, maar een voortdurende toewijding aan continue verbetering. Het bedrijf moet zijn waterbeheerpraktijken blijven verfijnen, het verkennen van innovatieve technologieën en het actief deelnemen aan wereldwijde inspanningen om waterschaarste aan te pakken en duurzaam watergebruik te bevorderen.

Samenvattend weerspiegelen AWS-waterbesparingsinitiatieven een uitgebreide en collaboratieve benadering van waterbeheer, in lijn met de principes van het Ubuntu Polder Framework en dragen ze bij aan positieve milieu- en maatschappelijke effecten.

Elementen van het Ubuntu Polder Framework die worden benut:

Inclusiviteit en Bekrachtiging: Het Deep Rural Initiative vertegenwoordigt de nadruk van het Ubuntu Polder Framework op inclusiviteit en bekrachtiging. Door het verschaffen van training en kansen aan vrouwen in afgelegen landelijke gebieden, bevorderde Nestlé actief hun economische inclusie en pakte daarmee een kritieke maatschappelijke behoefte aan.

Gezamenlijke Inspanningen: De samenwerking met overheidsprogramma's zoals BISP en Akhuwat Pakistan sluit aan bij de samenwerkingsgeest van het Ubuntu Polder Framework. Als verantwoordelijke bedrijven sloegen organisaties de handen ineen om positieve verandering te stimuleren en vrouwen in afgelegen landelijke regio's te bekrachtigen.

Gemeenschapsgerichte Aanpak: Het Ubuntu Polder Framework legt sterke nadruk op gemeenschapsontwikkeling, en het Deep Rural Initiative draagt direct bij aan de verbetering van plattelandsgemeenschappen door het creëren van werkgelegenheid en het verbeteren van toegang tot voedzame producten.

Het Deep Rural Initiative van Nestlé toont de kracht van samenwerkingsverbanden, inclusiviteit en een gemeenschapsgerichte aanpak bij het teweegbrengen van positieve verandering in afgelegen landelijke gebieden van Pakistan. Dit transformatieve project sluit perfect aan bij de kernprincipes van het Ubuntu Polder Framework, en maakt een substantiële impact op het leven van vrouwen en hun gemeenschappen, terwijl het ook economische bekrachtiging en financiële inclusie bevordert.

De reis in Pakistan ging niet alleen over professionele prestaties, maar ook over het omarmen van de schoonheid van het land, het opbouwen van verbindingen en het bevorderen van positieve verandering in afgelegen plattelandsgemeenschappen. Toen de volgende uitdaging zich aandiende - een fusieproject voor Oost-Afrika en Zuidelijk Afrika - benaderde ik dit met dezelfde moed en doorzettingsvermogen die onze inspanningen in Pakistan kenmerkten. Het Ubuntu Polder Framework bleef mijn leiderschapsstijl bepalen, wat het geloof versterkte dat positieve impact mogelijk is door gezamenlijke inspanningen en een gemeenschapsgerichte aanpak.

Reflecties op Oost- en Zuidelijk Afrika

Dit onderdeel dient als een uitgebreide reflectie op ervaringen in Oost- en Zuidelijk Afrika. Het verbindt de verschillende initiatieven met elkaar en toont de aanpasbaarheid en effectiviteit van het raamwerk in verschillende regionale landschappen. Van de bruisende stedelijke centra tot de serene landelijke gebieden, de impact van het Ubuntu Polder Framework resoneert en bewijst zijn toepasbaarheid als een transformerende kracht op grotere schaal.

Deze onderdelen schetsen gezamenlijk een levendig beeld van het Ubuntu Polder Framework in actie, en bieden tastbare voorbeelden van hoe het de theorie overstijgt om een krachtige aanjager van positieve verandering te worden in verschillende contexten over de hele wereld.

Afrika wordt vaak afgeschilderd als één homogene entiteit, maar de diversiteit van het continent is indrukwekkend. Van de zuidelijke punt in Zuid-Afrika tot de oostelijke rand in de Hoorn van Afrika, veranderen de landschappen, culturen en keukens drastisch. Het is een plek waar elk weekend en elke vakantie een kans biedt voor avontuur, of het nu gaat om een safari, een wandeling, een duik in de geschiedenis, of simpelweg een bezoek aan een spa of restaurant.

In mijn rol begon ik aan de ambitieuze missie om de Oost-Afrikaanse Cluster samen te voegen met de Zuid-Afrikaanse Cluster. Deze reis was meer dan alleen een bedrijfsherstructurering; het was een diepe duik in de ingewikkelde dynamiek van de regio.

De Juiste gedachtegang en het Kweken van Draagvlak: Potentieel Ontsluiten in ESAR

We hebben ons meteen gericht op het leggen van de fundamenten die het bedrijf in staat zouden stellen zijn potentieel in

ESAR (East and Southern African Region) te ontketenen. In mei 2018 hebben we een ESAR-integratieteam opgericht om een soepele overgang en integratieprocess te waarborgen dat onze relaties met klanten en consumenten niet zou verstoren. Vanaf het begin was onze aanpak erop gericht om iedereen in ESAR te verenigen rond deze kans.

Onze reis bestond uit het gezamenlijk creëren van een toekomstgerichte aanpak om onze "Droomregio" op te bouwen, waarbij mensen centraal staan, het vormen van Één Solide Team met een gedeelde visie en een sterk gevoel van doelgerichtheid en saamhorigheid. De tweede helft van 2018 was gewijd aan het uitkristalliseren van onze ESAR-plannen, het verduidelijken van onze visie voor deze Droomregio, en het uiteenzetten van de concrete acties die nodig waren om onze doelstellingen te bereiken.

Het in evenwicht houden van de focus en aandacht tussen Zuid-Afrika, de "grote broer," en de "kleinere landen" vormde een andere belangrijke uitdaging. Ik verwees vaak naar een Nederlandse uitdrukking: "wie het kleine niet eert, is het grote niet weerd." De unieke geschiedenis van Zuid-Afrika, met zijn isolatie tijdens de apartheid, leidde tot verschillen in economieën, loonstructuren en handelspatronen in vergelijking met andere ESAR-landen.

In het verleden hadden logistieke uitdagingen en de aanwezigheid van tien door land omsloten landen in ESAR geleid tot hogere consumentenprijzen. Onze operationele opzet had moeite om een constante goederenstroom in de regio te kunnen handhaven. We realiseerden ons dat onze locaties in landelijk Zuid-Afrika te kampen hadden met falende infrastructuur en bestuurlijke problemen.

Deze uitdagingen vereisten een Popular Positioned Products (PPP) strategie, waarbij langetermijndenken en directe actie noodzakelijk waren. Mijn team en ik begonnen onmiddellijk met het leggen van de basis voor duurzame, winstgevende groei in deze regio.

Aanpak van Voedingsuitdagingen

Toen we ons verdiepten in de lokale voedingspatronen van ESAR, ontdekten we een prevalentie van betaalbare maar voedingsarme "buikvullers." Pap, een maïsmeel gemaakt van gemalen witte maïs, was basisvoedsel. Het kon worden bereid als zocte pap of stevige zetmeelpap, vaak geserveerd met een saus.

Onderzoeken toonden een verbijsterende 729% overconsumptie van zetmeel aan in vergelijking met een gezond referentiedieet in sub-Sahara Afrika (SSA). Dit dieet leidde tot tekorten aan micronutriënten, vooral bij kinderen onder de vijf jaar. Tragisch genoeg hadden kinderen in sub-Sahara Afrika een 14 keer grotere kans om te overlijden voor hun vijfde levensjaar dan hun leeftijdsgenoten in ontwikkelde regio's. Deze trend zette zich voort tot in de volwassenheid, met alarmerende percentages overgewicht en obesitas in landen zoals Zuid-Afrika.

Een voedzaam, duurzaam voedselsysteem was van zeer belangrijk belang voor het welzijn van de regio, maar gezond voedsel was niet universeel beschikbaar, betaalbaar of aantrekkelijk. Voedingskwaliteit was belangrijk voor het aanpakken van ondervoeding, en Nestlé had hierin een duidelijke rol te vervullen. Hoewel het leveren van meer dan 15 miljoen verrijkte porties per dag via onze portfolio significant was, geloofden we dat we meer konden doen. De regering van Zuid-Afrika had ook met name stappen ondernomen om zijn gezondheidsproblemen aan te pakken, met de invoering van een suikerbelasting in 2019 en een natriumlimiet in 2021.

In de context van Oost- en Zuid-Afrika, die rijk was aan diversiteit, uitdagingen en kansen, werd het belang van de gemeenschappen mij meteen duidelijk. Ze moesten veerkrachtig zijn en zich zelfstandig ontwikkelen, in plaats van te wachten tot een centrale overheid te hulp zou komen. Dit inzicht vormde de basis voor de transformatieve reis van het RE2AL-initiatief.

RE2AL: Transformatie van Levens en Bedrijven met Ubuntu

Het starten van het RE2AL (Realizing Empowered and Enabled African Livelihoods) initiatief in Zuid-Afrika markeerde een belangrijk hoofdstuk in mijn reis en getuigde van de transformerende kracht van het Ubuntu Polder framework.

De wortels van het RE2AL initiatief waren diep verankerd in een partnerschap dat verder ging dan conventionele zakelijke doelstellingen. Nestlé smeedde een alliantie met de Makhoba Trust, een gemeenschap met een geschiedenis die diep verweven is met de uitdagingen van de Apartheid, en Inyosi Empowerment. Hoewel de Makhoba-gemeenschap hun voorouderlijke gronden had teruggekregen, bleef de behoefte aan meer—infrastructuur, kansen en een duurzame toekomst—bestaan. Het Ubuntu Polder Framework werd onze leidende filosofie, met nadruk op samenwerking, onderlinge verbondenheid en toewijding aan duurzame ontwikkeling.

In de kern van het initiatief stond de toewijding om de jongeren en vrouwen van de Makhoba-gemeenschap te empoweren. Dit ging verder dan economische bekrachtiging; het ging erom de jeugd een kans te geven om hun lot in eigen handen te nemen. Er werd agri-preneurship training en stages op melkveebedrijven aangeboden, in lijn met de nadruk van het Ubuntu Polder Framework op vaardigheidsontwikkeling en gemeenschapsbetrokkenheid.

Het partnerschap tussen de Makhoba Trust, Nestlé, en Inyosi was meer dan een zakelijke samenwerking—het was een levend voorbeeld van het Ubuntu Polder Framework. Ons doel was niet alleen om directe zakelijke doelstellingen te behalen, maar om een bloeiend ecosysteem te creëren. De visie reikte verder dan de lokale context; we streefden ernaar om de Makhoba-gemeenschap te verbinden met de wijdere wereld en duurzame relaties te bevorderen.

De impact reikte tot alle aspecten van de gemeenschap, van economische vooruitgang tot sociale welzijnsverbeteringen. The Makhoba Trust groeide uit tot meer dan een zuivelleverancier; het werd een symbool van hoop voor de gemeenschap. Het initiatief omvatte een kinderdagverblijf voor werkende moeders, een groente-teeltinitiatief, beroepsopleiding en een levendige, goed functionerende commerciële zuivelonderneming. Systematische impactmeting, van budgetten tot opleiding, weerspiegelde de principes van het Ubuntu Polder Framework, waarbij waarde werd gecreëerd, samenwerking werd bevorderd en de onderlinge verbondenheid van de wereld werd erkend.

Ons streven naar duurzaamheid bracht innovatieve oplossingen voort. Door gebruik te maken van de R&D expertise van Nestlé hebben we de "black wattle", de meest voorkomende invasieve uitheemse boom, omgezet in een voedermengsel voor koeien. Net als het moringa-initiatief leverde dit voedzaam voer en verminderde methaanemissies. Andere initiatieven waren onder meer het vervangen van kunstmest door kippenmest, het combineren van verschillende grassoorten voor efficiënte waterretentie en het integreren van watersensoren voor nauwkeurige irrigatie. Al deze inspanningen hebben de boerderij getransformeerd tot een melkveehouderij met zonder koolstofuitstoot, terwijl ook de opbrengst per koe is verhoogd.

Het RE2AL-initiatief getuigt van de effectiviteit van het Ubuntu Polder Framework in samenwerking, duurzaamheid en gemeenschapsbekrachtiging. Het is een blauwdruk voor de toekomst, niet alleen voor Nestlé maar voor alle belanghebbenden. Dit raamwerk legt de nadruk op ecosystemen, partnerschappen en een diepgaande toewijding aan het creëren van een betere, duurzamer wereld.

Als ik terugkijk op deze transformerende reis, komt de Ubuntu-geest naar voren als meer dan een concept—het is een levende realiteit. RE2AL is niet zomaar een individueel geval; het is een precedentwerkend voorbeeld van hoe bedrijven een force for good kunnen zijn. Het Ubuntu Polder Framework vindt zijn ware expressie in RE2AL, en inspireert anderen om in deze impactvolle voetsporen te treden en toont de potentie van bedrijven om levens, ondernemingen en het milieu te transformeren door de kracht van Ubuntu.

Bekrachtiging van Sub-Sahara Afrikaanse Jongeren: SSA Youth Alliance

Een van de dringende uitdagingen wereldwijd, vooral in ontwikkelingslanden, is jeugdwerkloosheid. Met meer dan 71 miljoen werkloze jongeren wereldwijd en meer dan 500 miljoen die onder niveau of in onzekere banen werken, is de noodzaak om jongeren voor te bereiden op een snel veranderende arbeidsmarkt evident. Traditioneel onderwijs schiet vaak tekort om hen voor te bereiden op de evoluerende arbeidswereld. Van meer dan 60% van de kinderen die vandaag aan de basisschool beginnen, wordt verwacht dat ze zullen werken voor banen die nog niet bestaan, waardoor de juiste vaardigheden en ervaring nodig zijn om zich in dit veranderende economische landschap te kunnen bewegen.

In het besef dat jongeren de toekomstige leiders zijn, lanceerde Nestlé een wereldwijde jongerencampagne. Het doel was om jonge mensen voor te bereiden op hun intrede in het arbeidsproces als inspirerende leiders, succesvolle ondernemers en creatieve vernieuwers, ongeacht hun vakgebied of expertiseniveau. Dit initiatief was gericht op het opbouwen van bloeiende, veerkrachtige, inclusieve en vreedzame gemeenschappen, in lijn met de VN-doelstellingen voor duurzame ontwikkeling.

Het initiatief om de Sub-Saharan Regional Alliance for YOUth op te richten, werd genomen vanuit Zuid-Afrika. Deze alliantie bestond uit organisaties die zich diep hebben toegewijd aan het aanpakken van het kritieke probleem van jeugdwerkloosheid, dat vooral prevalent is in Sub-Sahara Afrika, waar meer dan 70% van de bevolking jonger is dan 30 jaar. Deze regio huisvest 20% van de wereldwijde jongerenpopulatie, en naar verwachting zal dit aantal verdubbelen tegen 2055. Schokkend genoeg heeft 70% van de werkende jongeren nog steeds te maken met extreme of gematigde armoede.

In Sub-Sahara Afrika heeft 65% van de jongeren te maken met onstabiel werk, werkloosheid of het zoeken naar werk. Deze uitdagende situatie vroeg om gezamenlijke inspanningen van bedrijven in de Oost- en Zuidelijk Afrikaanse Regio (ESAR) om de inzetbaarheid op de arbeidsmarkt en het scheppen van banen te verbeteren. Nestlé, samen met gelijkgestemde organisaties zoals Adcorp, Publicis, NielsenIQ, ABB en Microsoft, sloegen de handen ineen om deze krachtige alliantie te vormen. Hun gedeelde passie draaide om het helpen van jongeren bij het verwerven van de vaardigheden die nodig zijn om te slagen in de arbeidswereld.

Het samenwerkingsverband lanceerde diverse initiatieven, zoals inzetbaarheidsprogramma's, mentorschapsessies en trainingen om jongeren te voorzien van essentiële werkplekvaardigheden. Een jaarlijks hoofdevenement was de "CEO & Youth Connect," waar jonge deelnemers de kans kregen voor een vraag- en antwoordsessie met de CEO's van de zeven deelnemende part- nerorganisaties. Deze CEO's zetten zich in om jonge mensen te mentoren, duurzame verbindingen te smeden en waardevolle begeleiding te bieden.

De Sub-Saharan African Youth Alliance heeft belangrijke vooruitgang geboekt, met focus op werkgelegenheid en inzetbaarheid. Tot nu toe heeft het samenwerkingsverband meer dan 20 miljoen mensen bereikt via verschillende mediaplatformen en heeft het meer dan 50.000 jongeren versterkt door middel van workshops. Deze workshops omvatten cv-clinics, loopbaanbegeleiding en mentorschapsprogramma's onder leiding van de CEO's van de partnerorganisaties van het samenwerkingsverband.

Het gebruik van sociale media speelde een cruciale rol bij het uitbreiden van het bereik van de alliantie naar nog meer jongeren in Sub-Sahara Afrika. Terwijl de alliantie haar plannen blijft uitvoeren, is het doel om partnerschappen uit te breiden naar Centraal-West-Afrika en haar merken af te stemmen op een duidelijk gevoel van doelgerichtheid.

Het uiteindelijke doel is om de alliantie verder uit te breiden door meer gelijkgestemde partners aan te trekken en een sterkere aanwezigheid in andere landen te realiseren om de jongeren in hun kracht te zetten. Hiermee illustreert de Sub-Saharan Regional Alliance for YOUth het Ubuntu Polder Framework in actie, met de nadruk op samenwerking, onderlinge verbondenheid en een gedeelde toewijding aan het creëren van kansen voor jongeren in de regio.

Project Hatcher: Bedrijven Transformeren door het Ecosysteem uit te Breiden

In een snel veranderend bedrijfslandschap is aanpassingsvermogen van het grootste belang. De transitie van het verkopen van merkproducten naar het aanbieden van merkbelevenissen vereist vaak de integratie van technologie en extra servicelagen —een verschuiving waarvoor veel corporate marketingteams onvoldoende voorbereid zijn. Hoewel de noodzaak van deze transformatie wordt erkend, kan het bereiken van echte vooruitgang bij de implementatie ervan een grote uitdaging zijn.

Toen we 2022 ingingen, werd de noodzaak om ons bedrijf toekomstbestendig te maken onvermijdelijk. Om het bijscholen van een al overbelast marketingteam praktisch haalbaar te maken, besloot ik verder te kijken dan onze organisatie en ons ecosysteem te benutten om de benodigde vaardigheden en expertise aan te trekken.

In Oost- en Zuidelijk Afrika implementeren we dit via het Hatcher Platform, een initiatief dat het Ubuntu Polder Framework belichaamt door een bloeiend ecosysteem te creëren. Dit platform verbindt ons innovatienetwerk naadloos, waarbij we onze wendbaarheid en expertise benutten om onze oplossingen voorbij de kern uit te breiden en zo de veerkracht van ons bedrijf te versterken.

Het Hatcher Platform fungeert als een kanaal voor samenwerking met lokale ondernemers om regio-specifieke uitdagingen aan te pakken. Door lokale open innovatie mogelijk te maken, stelt het ons in staat om samen te werken met externe partners, innovatieve concepten te ontwikkelen, en de overgang te maken van het verkopen van merkproducten naar het verkopen van boeiende merkervaringen. Deze strategische transitie richt zich op het genereren van aanvullende inkomstenstromen en het verbeteren van de marges van onze merken.

Onze actieve zoektocht naar externe partnerschappen stelt ons in staat om toegang te krijgen tot complementaire vaardigheden voor testen, leren en het vormen van strategische allianties. In sommige gevallen omvatten deze allianties zelfs aandeelhouderschap, waardoor we mogelijkheden kunnen verwerven die voorheen buiten ons bereik lagen. We staan ook open voor het verkennen van fusie- en overnameactiviteiten die onze mogelijkheden om consumenten te verrassen verder kunnen versterken.

Binnen het Hatcher-programma sturen we projectbriefings naar ondernemers in de regio Oost- en Zuid-Afrika. De respons is niets minder dan opmerkelijk, met honderden pitches uit 11 landen binnen de regio. Deze voorstellen worden zorgvuldig geëvalueerd, en de winnende teams krijgen een bescheiden budget en toegang tot onze organisatie om hun ideeën om te zetten in realiteit.

Om de kloof tussen deze ondernemende talenten en onze marketingteams te overbruggen, hebben we de steun ingeroepen van COOi studios, een dynamische groep jonge vernieuwers onder leiding van Sandiso Sibisi. COOi studios fungeert als een innovatie-acceleratiepartner, gespecialiseerd in het leveren van innovatie-initiatieven gericht op exponentiële groei. Ze passen design thinking-technieken toe, omarmen digitale technologieën en cultiveren een cultuur van innovatief denken binnen organisaties.

Project Hatcher vertegenwoordigt het Ubuntu Polder Framework door samenwerking, onderlinge verbondenheid en een gezamelijke toewijding om een nieuw tijdperk van zakendoen in te luiden en te bevorderen. Het is een bewijs van de kracht van ecosystemen, waar diverse talenten samenkomen om uitdagingen om te zetten in kansen en het steeds veranderende bedrijfslandschap met veerkracht en vindingrijkheid te omarmen.

Project Blue

In een baanbrekende samenwerking met ECCO2 initieerde Nestlé een project in onze voedsel- en creamer fabriek in Zuid-Afrika, wat een belangrijke stap betekende richting duurzaamheid en circulariteit. ECCO2's eigen technologie, ontworpen voor CO_2ofopvang met gebruik op industriële schaal, vormde de kern van dit innovatieve project.

De kern van het project was het afvangen en hergebruiken van koolstofdioxide-uitstoot uit het ketelhuis van de fabriek. Door middel van ECCO2's geavanceerde technologie werd deze uitstoot omgezet in bakpoeder van voedingskwaliteit, specifiek natriumbicarbonaat. Deze strategische zet pakte niet alleen milieuproblemen aan door de vermindering van koolstofuitstoot, maar creëerde ook een waardevolle grondstof met diverse toepassingen.

Het rimpeleffect van dit initiatief strekte zich uit tot het wafeltjesproductieproces, met impact op met name de productie van ons geliefde KitKat-product. Door de lokaal geproduceerde voedingswaardige bakpoeder te integreren, bereikten we een naadloze circulariteit binnen ons productie-ecosysteem. Dit toonde niet alleen onze toewijding aan duurzame praktijken aan, maar genereerde ook extra inkomstenstromen door de optimalisatie van middelen.

Het Project Blue-initiatief illustreert de toewijding van het Ubuntu Polder Framework aan het verleggen van grenzen in innovatie en duurzaamheid. Het getuigt van ons streven naar holistische bedrijfstransformatie, het inbedden van circulariteit en het maximaliseren van de waarde die we uit onze activiteiten halen. Dit initiatief, net als andere die in dit verhaal worden beschreven, benadrukt de overtuiging dat bedrijven een force for good kunnen zijn, die positief bijdragen aan het milieu terwijl ze economische groei en innovatie bevorderen.

In het dagelijkse ritueel van het drinken van ons kopje koffie, dragen we onbewust bij aan een verbazingwekkende hoeveelheid afval—99,8 procent van de koffieboon blijft ongebruikt. De weggegooide schil, een schatkamer vol antioxidanten, en het gebruikte koffiedik na het zetten worden vaak terzijde geschoven zonder hun potentieel te beseffen. Het is een verhaal dat niet klopt. Wanneer slechts 0,2 procent van de koffieboon wordt benut, ligt er een kans om het 500 keer beter te doen—een mogelijkheid om niet alleen economische groei te stimuleren maar ook tegemoet te komen aan de behoeften van gemeenschappen.

In samenwerking met Ekofungi Limited en The Future of Hope Foundation heeft Nestlé het visionaire proefproject Project Indigo: Mushrooms gelanceerd. Dit initiatief transformeert op ingenieuze wijze het afvalproduct van koffieproductie, gebruikte koffiedik, in een waardevolle grondstof door er paddenstoelen op te kweken. Het resultaat is een circulair economisch model dat niet alleen afval minimaliseert, maar ook meerdere wegen creëert voor positieve impact.

Het proefproject heeft de basis gelegd voor een experimentele oesterzwammenkwekerij in Harare. Deze kwekerij fungeert als opleidingscentrum waar vrouwen uit de gemeenschap worden opgeleid in het kweken en oogsten van paddenstoelen. De geoogste paddenstoelen dienen als inkomstenbron voor deze vrouwen en dragen bij aan het levensonderhoud van hun gemeenschap. Daarnaast krijgen de paddenstoelen een tweede leven in een ander MAGGI-product. Dit toont het potentieel van een holistische benadering van grondstoffengebruik.

De circulariteit van dit initiatief stopt daar niet. Na de paddenstoelenkweek blijkt de resterende "grond" een waardevol bestanddeel als kippenvoer, wat nog een inkomstenstroom aan de vergelijking toevoegt. Dit holistische en duurzame model illustreert de toewijding aan het verleggen van innovatiegrenzen, het omarmen van circulariteit en het aantonen van de transformerende kracht van bewuste bedrijfspraktijken.

Project Indigo: Mushrooms gaat niet alleen over het verminderen van afval; het is een bewijs van de overtuiging dat bedrijven een force for good kunnen zijn, die in elke fase van het proces waarde creëren en tegelijkertijd positief bijdragen aan het milieu en gemeenschappen.

Zimbabwe's Bedrijfstransformatie en het ZiWeb-initiatief

Nestlé Zimbabwe, een belangrijk onderdeel van de Oost- en Zuidelijk Afrika Regio (ESAR), speelt een cruciale rol in de transformatie van de organisatie. Opgericht in augustus 2018 als onderdeel van Nestlé's reorganisatie in Sub-Sahara Afrika, staat Nestlé Zimbabwe als het op één na grootste land waar het bedrijf al ongeveer zes decennia zakendoet, en Nestlé Zimbabwe heeft een bloeiende fabriek ontwikkeld met een toegewijd personeels-bestand en geliefde merken zoals Nestlé Cerevita, Nestlé EveryDay en Nestlé Cremona.

Tijdens mijn eerste bezoek aan Zimbabwe ontdekte ik een onverwachte realiteit - onze producten waren bijna de helft goedkoper dan die van onze concurrenten. Bij Nestlé is kwaliteit een niet-onderhandelbare standaard, en we verrijken onze producten om nutritionele superioriteit te garanderen. Doorgaans zijn onze producten daarom duurder dan die van onze concurrenten. Het was dus een verrassing om te ontdekken dat onze producten met zo'n grote korting werden verkocht.

Hoewel we producten verkochten in de lokale munteenheid, vereiste de productie in Zimbabwe de import van het merendeel van onze grond- en verpakkingsmaterialen met behulp van FOREX (Foreign Exchange). De officiële wisselkoers was vast-gesteld op 1 Zim Dollar = 1 US Dollar, maar het officieel verkrij-jgen van FOREX was een ontmoedigende uitdaging. Het was uitsluitend beschikbaar op de parallelle zwarte markt, waar de koers van 1 US Dollar naar 1,8 Zim Dollar daalde en snel verder verslechterde. Toegewijd aan het naleven van lokale regels en wetgeving, hadden wij geen toegang tot de zwarte markt. Deze situatie dwong ons herhaaldelijk FOREX-leningen aan te vragen bij ons hoofdkantoor, met geringe kans op terugbetaling. Het werd duidelijk dat ons toenmalige bedrijfsmodel onhoudbaar was.

Te midden van deze uitdagingen begon Nestlé Zimbabwe aan een reis van uitgebreide transformatie, waarbij de elementen van het Ubuntu Polder Framework werden gedemonstreerd.

Elementen van het Ubuntu Polder Framework die werden benut:

Samenwerking en Verbondenheid: We werkten samen met lokale leveranciers om van een model met hoge FOREX-intensiteit over te stappen naar een model dat voornamelijk gebruik maakte van lokaal beschikbare ingrediënten voor productrecepten. Substantiële ontwikkeling van lokale leveranciers was zeer belangrijk om aan internationale standaarden te voldoen.

Talentontwikkeling: In HR-strategie hebben we de werving van lokaal talent in Zimbabwe voor sleutelposities verhoogd, waaronder de fabrieksmanager, financieel manager en cluster-manager. Dit versterkte niet alleen onze lokale aanwezigheid, maar droeg ook bij aan werkgelegenheid.

Marktgevoeligheid: We hebben een team opgezet om de markt-prijzen van onze concurrenten nauwlettend te monitoren, waarbij we onze prijzen vaker aanpasten om concurrerend te blijven en aan de behoeften van de lokale markt te voldoen.

Financiële Optimalisatie: We optimaliseerden onze financiële middelen door medewerkers te ondersteunen met Zim Dollar-pakketten, transportbusjes aan te schaffen voor fabrieksmedewerkers, en langetermijn mediacontracten met vooruitbetalingen vast te leggen, naast andere strategieën. Deze financiële wendbaarheid was zeer belangrijk voor duurzaamheid.

Vandaag heeft Nestlé Zimbabwe een duurzaam bedrijfsmodel, gekenmerkt door organische groei gebaseerd op reële volumegroei en het vermogen om zelf FOREX te genereren voor alle betalingen en royalty's.

Om ervoor te zorgen dat ons team zich kon concentreren op het stimuleren van lokale productie, stonden we klanten in Zimbabwe toe om rechtstreeks vanuit Zuid-Afrika te kopen voor het assortiment dat we niet produceerden. We breidden onze productiecapaciteit uit en maximaliseerden exportmogelijkheden om onze eigen FOREX te genereren.

Vanuit verkoopperspectief breidden we ons distributiemodel in de traditionele en informele handel aanzienlijk uit met distributeurs. Bovendien introduceerden we het ZiWeb-programma, dat Zimbabwaanse vrouwen ondersteunt bij wijkdistributie, vooral vanwege de dominante rol van de USD. De inspanningen van Nestlé Zimbabwe zijn niet onopgemerkt gebleven, aangezien het team vier prestigieuze prijzen heeft ontvangen. Deze onderscheidingen omvatten de Farmer Support Award van het decennium, de Buy Zimbabwe Insignia Award van het decennium, de tweede plaats voor het Product van het decennium voor NESTLÉ CEREVITA, en de tweede plaats voor de Quality Award van het decennium.

In mijn rol als CEO in Oost en Zuidelijk Afrika heb ik het voorrecht gehad om samen te werken met verschillende belanghebbenden, waaronder ambassadeurs, regeringsleiders, zakelijke leiders en leiders uit het maatschappelijk middenveld, om sociaaleconomische uitdagingen aan te pakken die gemeenschappelijk zijn voor het continent. Deze uitdagingen omvatten gezondheidskwesties, waaronder obesitas, tekorten aan microvoedingsstoffen en ondervoeding. Om deze uitdagingen aan te gaan, moeten we ons gezamenlijk richten op betaalbare voedingswaarde, goede gezondheidszorg bevorderen en welzijn stimuleren, wat vraagt om duurzame samenwerking en partnerschappen.

Deze gezamenlijke inspanning vereist een continue en langdurige toewijding, die Nestlé, als 's werelds grootste voedings- en drankenbedrijf, goed kan leveren. Met meer dan 2.000 merken en aanwezigheid in 191 landen wereldwijd, speelt het een belangrijke rol bij het aanpakken van deze uitdagingen en het bevorderen van duurzame groei.

De onwankelbare toewijding van Nestlé aan Zimbabwe heeft in grote mate bijgedragen aan de geloofwaardigheid van het bedrijf bij de interactie met verschillende belanghebbenden ter plaatse. Deze veerkracht en toewijding om door dik en dun te blijven, illustreren de principes van verbondenheid en samenwerking van het Ubuntu Polder Framework, en dragen bij aan de transformatie en groei van Zimbabwe.

Zij streven er bovendien naar om consumentengedrag te veranderen of bijsturen. Ze richten zich op het verminderen van voedselverspilling en afvalherwinningsinitiatieven. In het RE-Imagine Tomorrow pilotproject werken ze samen met Kudoti - een technologie startup voor afvalrecycling en Destination Green - een inzamelcentrum, en zijn een pilot gestart voor de gemeenschap van Mqantsa in Tembisa. Dit project is gericht op het versterken van 100 afvalverwerkers.

Ik vertrouw erop dat de voorbeelden die in dit hoofdstuk zijn gedeeld, hebben aangetoond dat grote bedrijven in staat zijn om producten en diensten aan te bieden die aansluiten bij maatschappelijke belangen, waarbij ze niet alleen waarde creëren voor aandeelhouders maar voor de hele samenleving. Het doel is om een rol te spelen bij armoedebestrijding, het scheppen van werkgelegenheid en natuurherstel. De gepresenteerde initiatieven zijn bedoeld om bij te dragen aan het herstel van gemeenschappen en de natuur op de evolutionaire trajecten.

Hoewel ik erken dat ik niet alle antwoorden heb en besef dat er nog een lange weg te gaan is, blijft het zeer belangrijk om een geest van continue ontdekking en verkenning te behouden. Ik moedig iedereen met interessante ideeën aan om te experimenteren en deze ideeën uit te proberen. Net als de toewijding om nul ongevallen te bereiken in fabrieken en magazijnen, vereisen de milieuaspiraties niets minder dan een doelstelling van nul schade. Alleen 'groene' initiatieven schieten tekort; het 'verminderen, hergebruiken, recyclen' mantra, hoewel prijzenswaardig, is niet voldoende om vernietiging te stoppen. Het werkelijke doel gaat verder dan nul en streeft naar regeneratie. Dit houdt in dat er actief wordt gewerkt aan het herstel van ecosystemen, waarbij sociale en economische gemeenschappen in het proces worden betrokken.

In het streven naar het leveren van hoogwaardige producten en diensten aan consumenten, moet onze bedrijfsaanpak verder gaan dan emissiereductie en het vermijden van schade aan de planeet. We moeten verschuiven naar het actief creëren van betekenisvolle positieve impact. De voortdurende toewijding is gericht op het koesteren van gemeenschappen, het verbeteren van levensomstandigheden en het prioriteren van het welzijn van mensen. Tegelijkertijd moeten we natuurlijke ecosystemen beschermen, vernieuwen en herstellen. Het is noodzakelijk dat industrieleiders een regeneratieve aanpak bevorderen op een schaal die een substantieel verschil kan maken.

Uiteindelijk is het doel om over te gaan van minder schadelijk zijn naar actief geen schade toebrengen, voortbewegend naar het herstellen, aanvullen en opbouwen van regeneratief vermogen. Deze visie omvat een toewijding aan het creëren van een bedrijfsmodel dat niet alleen duurzaam is, maar actief bijdraagt aan de verbetering van de samenleving en het milieu.

HOOFDSTUK 5: MANIFEST VOOR BEWUST LEIDERSCHAP

TIJDLOZE PRINCIPES VOOR LEIDERSCHAP

n dit deel van het boek wil ik het meer gaan hebben over de vaardigheden die een bewuste leider nodig heeft om transformerende veranderingen in zijn team en/of organisatie te maken. Dit manifest voor bewust leiderschap introduceert de diepgaande principes van het Ubuntu Polder Framework, die als richtinggevende bakens dienen voor een nieuwe generatie leiders. Deze principes omvatten vertrouwen, een onophoudelijk streven naar leren, het omarmen van verandering en het opbouwen van betekenisvolle relaties via netwerken. Ik zal vervolgens mijn persoonlijke model/filosofie delen.

Bewust Leiderschap: Tijdloos en Adaptief

Dit onderdeel gaat dieper in op de kernprincipes van bewust leiderschap, waarbij de tijdloze relevantie wordt benadrukt en tegelijkertijd wordt aangepast aan de dynamische wereld van transformatief zakendoen. Het onderzoekt hoe leiders een bewuste gedachtegang kunnen belichamen, in lijn met de filosofie van het Ubuntu Polder Framework, om ethische praktijken, inclusiviteit en duurzame besluitvorming te bevorderen. Door tijdloze leiderschapswaarden te verweven met adaptieve strategieën, zet dit manifest de toon voor een nieuw tijdperk van gewetensvolle zakelijke leiding.

OVERWIN ANGST VOOR MISLUKKING

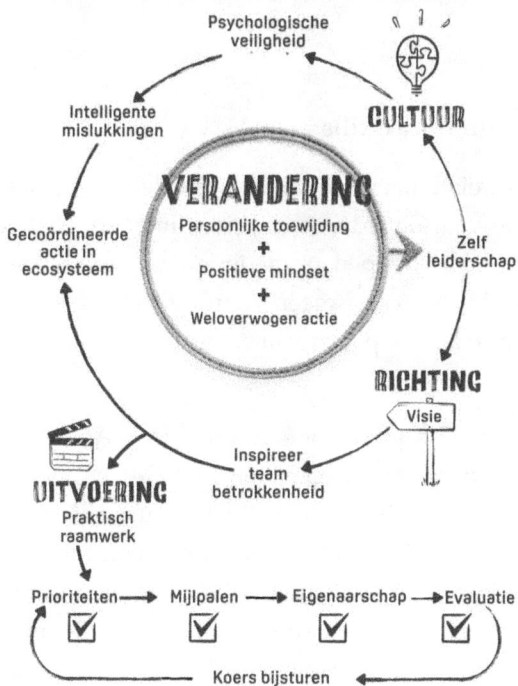

Psychologische veiligheid

Intelligente mislukkingen

CULTUUR

VERANDERING

Gecoördineerde actie in ecosysteem

Persoonlijke toewijding
+
Positieve mindset
+
Weloverwogen actie

Zelf leiderschap

RICHTING

Visie

UITVOERING
Praktisch raamwerk

Inspireer team betrokkenheid

Prioriteiten →	Mijlpalen →	Eigenaarschap →	Evaluatie
☑	☑	☑	☑

Koers bijsturen ←

Leiderschap overstijgt generaties. Bewuste leiders erkennen dat zij zich moeten aanpassen aan het voortdurend veranderende zakelijke landschap terwijl ze geworteld blijven in tijdloze principes. De beste leiders leiden in het heden, leren van het verleden en streven naar een betere toekomst. Zij behouden een breed perspectief door verbonden te blijven, het lichtende voorbeeld te zijn en vertrouwen, actief luisteren, empathie en psychologische veiligheid als constanten te handhaven in hun dynamische leiderschapsreis.

Bewust leiderschap, verankerd in de principes van het Ubuntu Polder Framework, vertegenwoordigt een diepgaande toewijding aan vertrouwen, transparantie, authenticiteit, kwaliteit en levenslang leren. Deze leiders zijn de bakens die ons door de dynamische zakenwereld leiden, en creëren een omgeving van eenheid, groei en rotsvast vertrouwen, waar ieders stem wordt gewaardeerd en het streven naar uitmuntendheid onophoudelijk is.

Soft skills zijn Hard Skills

In de levensreis blijken soft skills vaak de moeilijkste en meest waardevolle vaardigheden te zijn die men kan bezitten. Deze essentiële eigenschappen - nederigheid, vriendelijkheid en kwetsbaarheid - zijn meer dan alleen interpersoonlijke kwaliteiten; ze zijn de pijlers van bewust leiderschap en persoonlijke groei.

Zoals Rudyard Kipling wijs opmerkte: "Als u Triomf en Rampspoed kunt ontmoeten, en deze twee bedriegers op dezelfde wijze kunt behandelen," benadrukte hij het vermogen om gelijkmoedigheid te behouden in het aangezicht van succes en mislukking. Deze uitspraak is afkomstig uit zijn beroemde gedicht"If", waarin hij leidinggevende kwaliteiten beschrijft zoals kalmte, zelfvertrouwen en wijsheid in het omgaan met tegenslagen en overwinningen. Het is een herinnering dat nederigheid niet de afwezigheid van zelfvertrouwen is, maar de aanwezigheid van zelfbewustzijn. Het is het begrijpen dat de wereld uitgestrekt, complex en voortdurend veranderend is, en dat er altijd meer te leren valt, ongeacht hoeveel we weten.

Op vergelijkbare wijze weerklinkt de wijsheid van Socrates door de eeuwen heen, en herinnert ons eraan dat hoe meer we weten, hoe meer we onze immense onwetendheid beseffen. Deze erkenning dat ons verstand nooit volledig de complexiteit van de wereld kan bevatten, is de hoeksteen van bedachtzaamheid. Het betekent het leven benaderen met een open hart en de bereidheid om van anderen te leren, erkennend dat elk individu een uniek perspectief met zich meebrengt.

Een bezoek aan het Apartheid Museum in Johannesburg biedt diepgaande inzichten in de levens van iconische leiders zoals Nelson Mandela en Desmond Tutu. Wat opvalt in deze tentoonstellingen is de diepe nederigheid die beide leiders toonden. Hun motivatie werd niet gedreven door ego of de wens naar roem; het was geworteld in een oprechte wens om het leven van alle Zuid-Afrikanen te verbeteren. Zij waren het toonbeeld van leiders die onvermoeibaar werkten voor de verbetering van de samenleving, en verwierven het onwankelbare vertrouwen van hun volk.

Nelson Mandela staat in het bijzonder bekend als een toonbeeld van Level 5 leiderschap, volgens Jim Collins. Hij belichaamde bewust leiderschap, waarbij hij altijd werkte voor het algemeen belang in plaats van persoonlijke glorie. Zijn charisma, authenticiteit en onderscheidende stijl, waarbij hij kleurrijke Batik-kleding droeg, onderscheidden hem als een opmerkelijke leider die niet bang was om zichzelf te zijn. Hij toonde aan dat leiderschap niet draait om de held zijn, maar om het wijden van iemands energie en wijsheid aan het grotere geheel.

Een andere belichaming van nederigheid en bewust leiderschap is Syed Babar Ali in Pakistan. Hij bouwde zijn bedrijven op tijdens de vormende jaren van Pakistan en ging vervolgens partnerschappen aan met 's werelds beste multinationals, waarbij hij bleef investeren in verschillende initiatieven. Naast zijn zakelijke activiteiten leidde zijn toewijding aan hoogwaardig onderwijs tot de oprichting van een universiteit die, zelfs na 50 jaar, haar succes handhaaft. Zijn betrokkenheid bij natuurbehoud, als oprichter en 2e president van WWF, toont een holistische benadering van leiderschap. Zijn vermogen om contact te leggen met presidenten, koningen en koninginnen terwijl hij uitzonderlijk bescheiden blijft, getuigt van de kracht van ware nederigheid.

Nederige leiders die blijvende, positieve verandering creëren, beoefenen dankbaarheid, schrijven een dagboek, beweging, meditatie en willekeurige daden van vriendelijkheid. Hun authenticiteit en toewijding aan maatschappelijke verbetering maken van hen natuurlijke vernieuwers.

De wijsheid van de Dalai Lama weerklinkt, waarbij hij het belang benadrukt van het combineren van mededogen met intelligentie voor een gelukkig leven. Op vergelijkbare wijze herinneren de woorden van Charlie Chaplin ons eraan dat we vaak te veel denken en te weinig voelen. Onze handelingen zouden zowel uit ons hart als uit ons verstand moeten voortkomen.

Als bewust leider kunt u in uw leven en carrière merken dat uiterlijke vriendelijkheid soms verkeerd wordt begrepen. Dit is mij verschillende keren overkomen en hoewel ik vasthoud aan mijn principes, waaronder nederigheid en vriendelijkheid, begrijp ik het belang om gepast te handelen wanneer iemand tegen deze principes ingaat. In deze situaties ben ik niet bang om moeilijke beslissingen te nemen wanneer deze om de juiste redenen genomen moeten worden, waarbij ik dit altijd op een menselijke manier doe. Ik erken dat "hoe" ik beslissingen uitvoer net zo zeer belangrijk is als "wat" ik besluit. Kwetsbaarheid, zoals voorgesteld door Brené Brown, is belangrijk, maar moet in balans zijn met de noodzaak voor leiders om vertrouwen en inspiratie uit te stralen, vooral in uitdagende tijden.

Het adagium "fake it till you make it" benadrukt de waarde van vertrouwen uitstralen, zelfs tijdens momenten van onzekerheid. De Ladder of Inference van Harvard-professor Chris Argyris is een nuttig kader, dat het belang benadrukt van het opbouwen van een hoopvol verhaal gebaseerd op geselecteerde gegevens, aannames en conclusies. Het gaat erom het verhaal vorm te geven dat geloof en hoop inspireert, waardoor teams en organisaties de nodige acties kunnen ondernemen.

Verbinding, dankbaarheid, bewuste communicatie, empathie en doelgerichtheid spelen een centrale rol in mijn leiderschapsfilosofie. Vergeving is een andere hoeksteen, die persoonlijke groei en het opbouwen van relaties mogelijk maakt.

Over het onderwerp Karma geloof ik dat het geen externe mystieke kracht is, maar een innerlijke reflectie. Door goed te doen in de wereld, creëert u een gevoel van innerlijk welzijn. Uw acties creëren reacties binnen uzelf, wat invloed heeft op uw zelfbeeld en hoe anderen u waarnemen. Een bewuste leider begrijpt dat om anderen lief te hebben, u eerst oprecht van uzelf moet houden. De intentie om altijd het juiste te doen sluit aan bij de overtuiging dat uw reflecties in de spiegel elke ochtend vrij moeten zijn van zelfveroordeling.

In mijn leven heb ik het advies van Benjamin Franklin geïnternaliseerd dat "door niet voor te bereiden, bereidt u zich voor op falen." Ik heb ook de wijsheid van Victor Borge omarmd dat "lachen de kortste afstand tussen twee mensen is." Dit heeft mijn vermogen om met anderen te verbinden gevormd. Wanneer woorden en daden conflicteren, moeten we Ralph Waldo Emerson's raad ter harte nemen en vertrouwen op de taal van non-verbale signalen.

Een holistische kijk op leiderschap benadrukt de kernprincipes van nederigheid, vriendelijkheid en kwetsbaarheid, essentieel voor het smeden van authentieke verbindingen en het maken van een positieve impact op de wereld.

Vertrouwen als Hoeksteen van Leiderschap

Bewuste leiders belichamen vertrouwen als een wezenlijk element van hun leiderschapsbenadering. Ze begrijpen dat vertrouwen de levensader is van hun verbinding met hun teams.

Het vertrouwen van medewerkers om hun beste werk te leveren, vooral in het veranderende landschap van hybride werkmodellen, levert opmerkelijke productiviteit op. Leiders erkennen ook dat meritocratie, niet vriendjespolitiek, de basis moet zijn van vertrouwen, wat zorgt voor een inclusief en harmonieus team.

Actief Luisteren en Synergie

Actief luisteren is een hoeksteen van bewust leiderschap. Leiders leiden niet alleen, maar luisteren actief op alle organisatieniveaus, waarbij ze een omgeving creëren waarin de bijdrage van elk individu wordt gewaardeerd. Hiërarchie, hoewel noodzakelijk voor verantwoording, vermindert het belang van geen enkele rol. Effectief leiderschap omvat het beïnvloeden van gedachten, het bieden van begeleiding en het behouden van motivatie, vooral in uitdagende tijden. Leiders bieden optimisme en erkennen het belang hiervan in tegenspoed.

Transparantie en Authenticiteit

Bewuste leiders geven prioriteit aan transparante, open communicatie. Het delen van de status, visie, missie en waarden van het bedrijf creëert een gevoel van verbondenheid onder medewerkers. Ze erkennen en vieren de vooruitgang van hun team en bevestigen daarmee het belang van hun werk. Authenticiteit, liefde, loyaliteit en empathie zijn integraal onderdeel van leiderschap. "Liefdegedreven Leiderschap" erkent individuele talenten, ontsluit potentieel en bevordert loyaliteit en wederzijdse ondersteuning binnen teams.

Psychologische Veiligheid en Kwaliteit Boven Kwantiteit

Leiders creëren een omgeving waarin teamleden zich veilig voelen om blind spots aan te wijzen en hun zorgen te uiten. Ze omarmen diversiteit en bevorderen een cultuur waarin iedereen zich gewaardeerd en vrij voelt om hun gedachten te uiten. Kwaliteit boven kwantiteit is het motto, en leiders geven prioriteit aan nieuwsgierigheid, verdiepen zich in situaties, stellen vragen en verkennen verschillende perspectieven. Fouten worden erkend, en de "Plus Delta" (waarover later in het boek meer) methode wordt gebruikt om te leren en te groeien, waarbij psychologische veiligheid wordt bevorderd.

Diversiteit en Vrouwenemancipatie

Toen mijn reis in de zakelijke wereld mij naar Pakistan leidde, nam ik de verantwoordelijkheid op om genderbalans te bevorderen. Dit initiatief kreeg vorm binnen Nestlé en via de OICCI (Overseas Investors Chamber of Commerce and Industry) vereniging. OICCI vertegenwoordigt bijna 200 bedrijven uit 35 landen, verspreid over 14 sectoren van de Pakistaanse economie, met een gezamenlijke activawaarde van meer dan 85 miljard USD. In samenwerking met teams van verschillende bedrijven in mijn werkgroep, ontwikkelden we een systematische aanpak om de positie van een bedrijf op het gebied van genderbalans te beoordelen en een duidelijk pad uit te stippelen om dit te bereiken. Dit pad prioriteerde acties en putte uit de vooruitstrevende praktijken van bedrijven die al voorop liepen. Het idee was niet om het wiel opnieuw uit te vinden, maar om geïnspireerd te raken door degenen die al betekenisvolle stappen hadden gezet. Om verdere vooruitgang aan te moedigen, stelden we een jaarlijkse prijs in om het bedrijf te erkennen dat de meest significante vooruitgang had geboekt.

In 2017, als Vice President van OICCI en voorzitter van de MVO-commissie, stelde ik een praktische aanpak voor om genderbalans in het Pakistaanse bedrijfsleven te verbeteren. In plaats van enkel de noodzaak te benadrukken of ontmoedigende statistieken te presenteren, lag de focus op concrete acties. Het draagvlak voor verandering was aanwezig, maar veel organisaties wisten niet waar te beginnen. Om dit aan te pakken, organiseerde ik een OICCI-evenement en lanceerde het initiatief met een persoonlijke toespraak.

Hierbij deelde ik mijn familiegeschiedenis van sterke werkende vrouwen, van mijn grootmoeder in de jaren '50 in Parijs, van mijn moeder die haar hele leven werkte terwijl ze kinderen opvoedde tot mijn eigen ervaringen. Dit inspireerde mij om vrouwenemancipatie te bevorderen. Ze had zeven kinderen alleen opgevoed na het vroege overlijden van haar echtgenoot aan tuberculose. Deze erfenis werd voortgezet door mijn moeder, die haar hele leven werkte terwijl ze kinderen opvoedde, en dit strekte zich ook uit tot mij. Ook ik verhuisde naar het buitenland, trouwde, en mijn vrouw besloot, net als de vrouwen voor haar, te werken terwijl ze de uitdagingen aanging van frequente internationale verhuizingen. Deze afstamming van werkende vrouwen was verweven met mijn eigen carrière, en het leek voorbestemd dat ik betrokken zou raken bij het bevorderen van de bekrachtiging van vrouwen.

Vervolgens introduceerde ik het verhaal van Momina, een jonge vrouw die ernaar streefde een marketingcarrière op te bouwen bij een multinationaal bedrijf. Echter, toen zij moeder geworden was en geconfronteerd werd met de maatschappelijke druk en persoonlijke uitdagingen, verliet ze haar baan. Haar reis weerspiegelde de strijd van veel vrouwen in Pakistan. Ondanks haar eerdere prestaties had ze het gevoel dat terugkeren naar het bedrijfsleven onmogelijk was. Maar, aangemoedigd door haar familie en oud-collega's, besloot ze opnieuw te solliciteren en werd ze aangenomen als administratief assistent van de CEO. Het bedrijf bood flexibele werktijden, kinderopvang, vervoer van en naar het werk, en haar manager en collega's hadden begrip voor haar behoeften. Geleidelijk herwon ze haar zelfvertrouwen, nam ze meer verantwoordelijkheden op zich en blonk ze uit in haar rol. Haar succesverhaal werd een inspiratie.

De kwesties van vrouwenemancipatie, genderbalans en diversiteit worden tegenwoordig vaak besproken. De vraag is echter of de Pakistaanse samenleving echt om deze zaken geeft. Als CEO's van buitenlandse bedrijven geven velen er veel om. Toch ben ik van mening dat de bredere samenleving deze kwesties nog steeds prioriteit moet geven. Pakistan stond op de op één na laagste plaats wereldwijd voor 'Economische Participatie en Kansen voor Vrouwen' in het Gender Gap Report 2014 van het World Economic Forum, waarbij alleen Afghanistan lager scoorde. Genderbalans is een complex probleem in Pakistan, waarbij culturele, stereotype, emancipatie- en mentale barrières de vooruitgang belemmeren. Onze eerste OICCI-enquête over genderbalans onthulde dat de meeste bedrijven minder dan 15% vrouwen in hun personeelsbestand hebben en dat ze moeite hebben om de nodige veranderingen door te voeren.

Dus, waarom zouden we ons bekommeren om het versterken van de positie van vrouwen op de werkvloer? De antwoorden omvatten economische groei, sociale vooruitgang en gendergelijkheid. Een IMF-rapport uit 2016 schatte dat het dichten van de genderkloof in economische participatie het BBP van Pakistan met wel 30 procent zou kunnen verhogen.

Als OICCI was het voor ons volkomen logisch om actie te ondernemen. Toen ik voorstelde om de bekrachtiging van vrouwen ons gezamenlijke initiatief te maken als voorzitter van het OICCI CSR-comité, kreeg ik unanieme steun. Hoewel we het allemaal eens zijn over het belang van deze zaak, blijft het invoeren van een vrouwvriendelijke werkomgeving een uitdaging. Praktische kwesties, zoals kinderopvang, veiligheid voor werkende vrouwen en loopbaanontwikkeling na het krijgen van kinderen, moeten worden aangepakt. Het OICCI Women-initiatief beoogt een concrete weg vooruit te bieden, met een systematische gids voor het creëren van vrouwvriendelijke werkplekken. We moedigen iedereen aan om zich bij dit initiatief aan te sluiten, aangezien het van vitaal belang is om onze bedrijven en de samenleving als geheel te transformeren.

Het CSR-comité heeft een stappenplan in 5 fasen opgesteld, compleet met concrete voorbeelden van beleid, praktijken en training voor elke stap. Ons vijfstappenplan biedt een systematische aanpak om vrouwvriendelijke werkplekken te creëren:

1. Management toewijding: Maak genderbalans een prioriteit.
2. Basis leggen: Creëer beleid dat gendergelijkheid ondersteunt.
3. Work-life balance: Faciliteer kinderopvang en flexibele werktijden.
4. Talent maximaliseren: Zorg voor loopbaanontwikkeling voor vrouwen.
5. Externe impact: Bevorder genderbalans binnen en buiten het bedrijf.

Met een zelfevaluatie-tool kunnen organisaties hun voortgang meten, van inactief tot best practice.

OICCI-bedrijven, verantwoordelijk voor 30% van de belastinginkomsten in Pakistan, hebben de invloed om echte verandering te realiseren. Door samen te werken kunnen we niet alleen Pakistan, maar ook Azië en de wereld transformeren. De meeste OICCI-bedrijven opereren in meerdere landen en kunnen door het bevorderen van deze pragmatische aanpak een betekenisvol verschil maken.

Pakistaanse vrouwen hebben enorm veel talent en het is tijd om hun potentieel te benutten voor een betere toekomst. Dit initiatief draait om het ondersteunen en koesteren van deze vrouwen en hen tot rolmodellen te maken. Programma's zoals "Kero Aitemaad" (Laten we elkaar vertrouwen) tonen wat mogelijk is.

Het is tijd om de potentie van vrouwen volledig te benutten en een betere toekomst te creëren.

Dit is de impact die het wil versterken.

De Flow-toestand bereiken: Flow, de toestand van zelfloosheid waarin tijd abstract wordt, is belangrijk voor topprestaties en innovatie. Het begrijpen van de momenten in uw leven waarop u flow heeft ervaren, kan uw inspanningen sturen om deze toestand naar wens te bereiken.

Het bereiken van individuele en groepsflow: Het herkennen van de omstandigheden die leiden tot individuele flow is waardevol, of het nu gaat om spannende avonturen of momenten van vrijheid. Als leider betekent het stimuleren van groepsflow binnen uw team het vinden van de delicate balans tussen uitdaging en vaardigheid. Het is de zone van doorbraken en innovatie, mogelijk gemaakt door vertrouwen, psychologische veiligheid en de positieve energie van een leider.

Vertrouwen opbouwen: Vertrouwen is de hoeksteen van effectieve samenwerking binnen het Ubuntu Polder Framework. Geloofwaardigheid, betrouwbaarheid, empathie en motivaties dragen allemaal bij aan vertrouwen. Het is een formule die de basis vormt voor samenwerking en vooruitgang, belangrijk om het model te realiseren.

Onophoudelijk streven naar leren: bewuste leiders geloven in continu leren en groei. Ze benadrukken het belang van aanwezig zijn in elke stap van de reis, het waarderen van de schoonheid van het leven, en nieuwsgierig blijven. Deze aangeboren nieuwsgierigheid en passie drijven leiders ertoe om vijf leermethoden te omarmen: formeel onderwijs, lezen, actief luisteren, gerichte observatie en experimenteren, het verwerven van nieuwe vaardigheden, en zelfreflectie. Leiders begrijpen dat nieuwsgierigheid, passie en experimenteren de drijvende krachten zijn achter leren door te doen, waardoor ze naar nieuwe hoogten van leiderschap worden gestuwd.

Opleiding

Hoewel ik vaak kritiek heb op het onderwijssysteem, is mijn punt dat het een overblijfsel is uit het industriële tijdperk, toen scholen vooral gericht waren op het opleiden van arbeiders voor fabrieken. Vandaag hebben we een verschuiving nodig van goederen naar ervaringen en van het herhalen van hetzelfde naar innovatieve benaderingen. Het is gemakkelijk om het systeem te bekritiseren, maar het verbeteren ervan is een complexe uitdaging. Het Montessori-systeem bood een alternatief, maar het werkt mogelijk niet voor alle kinderen, aangezien het zelfmotivatie en discipline vereist. Sommige kinderen floreren in deze aanpak, zoals zij die baat hebben bij creatieve vrijheid en hands-on leren. Andere kinderen, vooral degenen die meer gestructureerde begeleiding nodig hebben, kunnen moeite hebben om het beste uit dit systeem te halen. Tegenwoordig worden deze uitdagingen vergroot door de afleidingen van smartphones en computers, waardoor veel kinderen de weg van de minste weerstand kiezen.

Ik geloof dat onderwijs mensen moet helpen hun levensdoel te ontdekken, verder dan alleen geld verdienen. Business schools richten zich vaak op geld verdienen in plaats van problemen oplossen. Daarom moet het onderwijs naast de kernvaardigheden zoals taal, wiskunde, biologie en natuurkunde ook "soft skills" bevorderen zoals emotionele intelligentie, observatie, reflectie en creatief denken.

In een snel veranderende wereld kunnen veel traditionele praktische vaardigheden overbodig worden, waarbij computers, aangedreven door AI-apps, bots en "agents," deze kunnen afhandelen. Het advies van Alvin Toffler weerklinkt: Bereid kinderen voor om te leren, af te leren en opnieuw aan te leren. Het hoofddoel van onderwijs zou moeten zijn om te leren hoe men zich kan aanpassen en gedijen in een voortdurend evoluerend landschap.

Leren, Vertrouwen en Verandering Omarmen

De Kracht van Lezen: Leiders zijn Lezers

In de woorden van Rebecca Solnit, "Een boek is een hart dat alleen klopt in de borst van een ander." Boeken hebben de kracht om ons te verbinden met de harten en gedachten van auteurs, en bieden inzichten en wijsheid die ons begrip van de wereld kunnen vormen.

Kennis Verzamelen: Ik ben altijd een fervent lezer geweest, dol op boeken en nieuwsgierig naar nieuwe ideeën die me aan het denken zetten. Als ik iets interessants tegenkom, wil ik dat meteen met anderen delen. Niet iedereen houdt zo van lezen als ik, dus heb ik geleerd om ingewikkelde zaken kort en helder uit te leggen - iets wat elke leidinggevende moet kunnen. Door deze aanpak kan ik moeilijke onderwerpen terugbrengen tot de kern en er een begrijpelijk verhaal van maken.

Leren door te Doen: Mijn benadering van leren bestaat uit het maken van snelle overgang tussen het begrip van de huidige situatie naar visualisatie van een betere toekomst. Ik geloof in de kracht van kleine, consistente, geleidelijke verbeteringen. Deze filosofie drijft mij ertoe om kleine projecten te starten, te experimenteren, deze te verfijnen en uiteindelijk op te schalen. Zoals u in de voorgaande delen van het boek heeft gezien, is deze aanpak consequent toegepast in mijn carrière.

Storytelling en Betrokkenheid: Het lezen van boeken heeft mij de kunst van het verhalen vertellen geleerd en het belang van het vermijden van eentonigheid. Boeiende boeken bouwen spanning op, lossen deze op, en bouwen weer op naar een climax. Deze elementen zijn belangrijk voor elke leider bij het geven van toespraken en presentaties.

Het grotere geheel zien: Lezen traint de geest om het grotere geheel te zien. In een boek wordt informatie geleidelijk onthuld, en personages en gebeurtenissen lijken in eerste instantie mogelijk niet gerelateerd. Als lezer moet u deze details onthouden en ze samenvoegen tot een samenhangend verhaal. Dit bevordert het vermogen om scenario's op te bouwen en te anticiperen op wat er komen gaat.

Geduld en Doorzettingsvermogen: Lezen leert ook geduld en doorzettingsvermogen. Het is onwaarschijnlijk dat u veel boeken in één keer uitleest, dus moet u een leesroutine ontwikkelen als een gezonde gewoonte.

De inzichten van Maria Popova benadrukken hoe boeken ons helpen mensen, de wereld en onszelf te begrijpen. Ze fungeren als een telescoop naar de geest van anderen en onthullen de sterrenpracht van ons eigen bewustzijn. Literatuur is een instrument om met meer wijsheid, goedheid en gezond verstand te leven. Het simuleert de realiteit, waardoor we kunnen leren van anderen en wereldburgers kunnen worden. Het maakt ons empathischer door ons bloot te stellen aan verschillende perspectieven en de gevolgen van verschillende handelingen.

Boeken bieden troost bij eenzaamheid en drukken emoties eerlijker uit dan gesprekken in het echte leven. Ze bieden toegang tot ons innerlijke zelf en helpen ons bij het navigeren door onze emoties en gedachten.

Bovendien bereiden boeken ons voor op mislukking. In literatuur worden mislukkingen vaak met mededogen en begrip behandeld.

Lezen brengt ons in een staat van flow, dwingt ons in het huidige moment te blijven en draagt ons brein op zich te concentreren.

Het object dat we een boek noemen is niet alleen een fysieke entiteit maar een reservoir van potentieel, zoals een muziekpartituur of een zaadje, wachtend op zijn transformatie in de handen van een lezer.

Gerichte Observatie en Experimentatie: Het Onthullen van de Wetten van het Leven

Zoals de wijze Nisargadatta ons herinnert: "Liefde vertelt me dat ik alles ben, wijsheid vertelt me dat ik niets ben, en tussen deze twee oevers stroomt de rivier van het leven." Deze rivier van het leven draagt een waardevolle les in gerichte observatie en experimenteren, een techniek die ik van harte omarm in mijn streven naar kennis en begrip.

Levensprincipes: Door gerichte observatie en experimenteren ontdekken we Levensprincipes - onveranderlijke regels die, net als de natuurkundige wetten, verschillende aspecten van het bestaan beheersen. Deze principes strekken zich uit tot uiteenlopende domeinen zoals religie, sport en zakenleven. Ter illustratie: denk aan het gebed of vasten in Islam, de precisie die nodig is om een golfbal in een hole te krijgen, of de toewijding die belangrijk is voor een bedrijfsleider om gedegen beslissingen te nemen. Deze scenario's delen een gemeenschappelijke rode draad: Toewijding.

Angst Overwinnen: De menselijke geest vergroot vaak potentiële valkuilen, wat leidt tot uitstelgedrag of halfslachtige inspanningen. Deze zelftwijfel kan een self-fulfilling prophecy worden die onze inspanningen saboteert. Toch stelt het begrijpen van deze Levenswet ons in staat om de kracht ervan te benutten. Door onze focus te richten op het gewenste resultaat, vergroten we de kans om het te realiseren. Overmatig piekeren en angst voor mislukking, vooral bij vermoeidheid, kunnen vooruitgang belemmeren.

De Wijsheid van de Schildpad: Het is belangrijk om te onthouden dat er vele wegen naar succes leiden, en de kortste weg is niet altijd de beste. Denk aan het verhaal van de schildpad en de haas. De schildpad won omdat hij zonder aarzeling aan zijn reis begon en volhardde tot de finish. Beginnen is vaak belangrijker dan piekeren over het perfecte pad.

De Kracht van een Kalme Geest: Mijn ervaringen in Jiu Jitsu en golf hebben het belang van het behouden van een kalme geest bevestigd. Een rustige, aanwezige en zelfbewuste toestand stelt ons in staat om onze koers te corrigeren voordat fouten onomkeerbaar worden. In deze toestand leren en groeien we doelgericht. We voelen ons in controle en minder overweldigd, wat de moed bevordert om hulp te zoeken wanneer nodig.

De Patronen van de Wereld Ontdekken: Met begrip komt het vermogen om patronen in de wereld te onderscheiden, vergelijkbaar met de openbaringen in de film *The Matrix*. Dit betekent niet dat we moeten streven naar machine-achtige perfectie; in plaats daarvan waarderen we de schoonheid van perfecte imperfecties, zoals in kunst. Imperfecties roepen emoties op en bezorgen ons kippenvel.

Imperfecties Omarmen: Net zoals we de uniekheid van kunst koesteren, zouden we de onvolmaaktheden van het leven moeten vieren. Dit concept wordt geïllustreerd in het contrast tussen Indonesische Batik en Gedrukte Batik. Indonesische Batik wordt met de hand gemaakt, waardoor kleine onregelmatigheden ontstaan die elk stuk uniek maken. Gedrukte Batik mist deze menselijke toets.

Toekomstige Uitdagingen: In de toekomst zullen we ons moeten bezighouden met strategisch denken op systeemniveau en het prioriteren van effectieve probleemoplossingen. Om complexe uitdagingen aan te pakken, moeten we uniek menselijke waarden benutten en innovatie en creativiteit bevorderen. Contextuele en creatieve kennis, samen met een beter begrip van onze menselijkheid, zijn belangrijk. Het proces van collectief leren en inspiratie halen uit diverse vakgebieden zal vooruitgang stimuleren.

De Kunst van het Experimenteren: Het vermogen om te experimenteren, zich aan te passen en fouten te maken is zeer belangrijk. Net zoals Steven Colbert de noodzaak van "image-ination" benadrukt, leren we door te proberen, te falen en weer op te staan. Bij het nastreven van ambitieuze doelen zijn koerscorrecties net zo belangrijk als de initiële koers. De raket naar de maan was slechts 2% van de tijd op koers; de rest was uit koers, net als een reis.

Leren van Nieuwe Vaardigheden: Leren overstijgt theorie en strekt zich uit tot de toepassing. Een voorbeeld hiervan is fotografie. Ik heb het altijd leuk gevonden, maar door mezelf onder te dompelen in de kunst van handmatige fotografie werd mijn passie naar een hoger niveau getild. Een fotografiereis naar de Masai Mara en een cursus in 2021 vormden een keerpunt.

Vooruitgang en Plezier: Het aanleren van nieuwe vaardigheden kan uitdagend zijn, maar de steilste vooruitgang vindt in het begin plaats, wat zorgt voor grenzeloze energie en plezier. Theorie is belangrijk, maar ik geloof in het snel toepassen van nieuwe kennis. Leren in een mooie omgeving verbetert de ontvankelijkheid, en directe toepassing verankert het leerproces.

Nieuwsgierigheid en Verder: Hobby's zoals fotografie stimuleren nieuwsgierigheid, een onmisbare vaardigheid in ons professionele leven. Fotografie is meer dan alleen het vastleggen van beelden; het moedigt anticipatie, patroonherkenning, geduld en perspectief aan. Verschillende mensen leggen dezelfde gebeurtenissen op unieke manieren vast, wat het belang van diverse gezichtspunten benadrukt.

De Wetenschappelijke Voordelen van Leren: Leren is niet alleen een persoonlijk streven, maar heeft ook wetenschappelijke voordelen. Positiviteit stimuleert het leren, waarbij dopamine onze zoektocht naar kennis aandrijft. Geluk is een voorwaarde voor succes, en het bereiken van een staat van geluk in het heden levert betere resultaten op.

Kennisverveelvoudiging: De stroom van kennis is afhankelijk van aandacht en tijd. Om de voordelen van leren te maximaliseren, is passie van het grootste belang. Individuele kennis van A en B overtreft de collectieve kennis van A en B afzonderlijk, wat het belang van samenwerking en kennisdeling benadrukt.

Reflectie: Een Paradigmaverschuiving

De wereld verandert, en onze benaderingen van werk, communicatie, expressie, informatie en entertainment moeten meeevolueren. Een verschuiving van een nulsommenspel-mentaliteit naar een mentaliteit van overvloed is noodzakelijk. Kennis is grenzeloos en vermenigvuldigt zich wanneer deze wordt gedeeld.

Deze alomvattende benadering van leren omvat zowel persoonlijke als professionele groei, bevordert aanpassingsvermogen, creativiteit en een dieper begrip van de wereld. Door de onderlinge verbondenheid van kennis en wijsheid te omarmen, is het een reis naar een betere toekomst.

Zelfreflectie: Het Hart van Leren

Zoals uiteengezet in mijn leermodel bestaat de leerreis uit verschillende onderling verbonden elementen: theorie (verkregen door onderwijs en lezen) gekoppeld aan een innerlijke drijfveer van nieuwsgierigheid en passie motiveert ons om te oefenen (experimenteren, observeren en actief luisteren). Vervolgens evalueren en reflecteren we, waardoor een cyclus van continue groei in stand wordt gehouden. Dit iteratieve proces leidt tot verfijning, evolutie en aanpassing van onze theorieën. Uiteindelijk beheersen we deze concepten en integreren we ze in onze bredere levenservaringen.

De Uitdaging van Reflecteren: Volgens mijn ervaring is het meest uitdagende aspect van deze reis de kunst van het reflecteren. In een wereld waarin constante activiteit en sociale media ons weinig tijd laten voor zelfreflectie, is reflectie naar de achtergrond verdwenen. Kortere aandachtsspannes verergeren dit probleem en als gevolg daarvan wenden we ons vaak tot anderen om onze problemen op te lossen.

Het Belang van Reflectie: Reflectie is belangrijk voor ons leer-model. Net zoals bewustzijn vitaal is in leiderschap, is reflectie de sleutel tot onze persoonlijke en professionele groei. Het is de brug die theorie en praktijk verbindt, waardoor we ons begrip en onze vaardigheden kunnen verfijnen.

De PLUS-DELTA Tool: Om systematische en regelmatige reflectie in zowel mijn persoonlijke als zakelijke leven te faciliteren, gebruik ik de PLUS-DELTA tool. Het is een eenvoudige maar effectieve techniek die zowel op individueel niveau als binnen een organisatie voor teamreflectie kan worden toegepast. Om deze tool te gebruiken, verdeelt u een pagina met een lijn, waarbij u de linkerkant "PLUS" en de rechterkant "DELTA" noemt. Aan de PLUS-kant noteert u waar u tevreden mee bent, waarin u heeft uitgeblonken. Aan de DELTA-kant schrijft u op wat niet volgens plan ging, waar verbeteringen nodig zijn, en hoe u deze veranderingen kunt beginnen.

Gerichte Reflectie: Het PLUS-DELTA instrument is het meest effectief wanneer het zich over meerdere reflectiesessies richt op specifieke onderwerpen of gebieden, in plaats van wekelijks van onderwerp te wisselen. Plan enkele uren ononderbroken reflecti-etijd in uw agenda. Het terugkijken op eerdere PLUS-DELTA aantekeningen helpt u patronen te herkennen en gebieden te beoordelen die aandacht nodig hebben.

Toepassing in Managementvergaderingen: Ik heb dit instrument geïntroduceerd in mijn managementvergaderingen om teamgevoelens over verschillende onderwerpen te peilen. Het is een snel proces van slechts vijf minuten en het zorgt voor transparante, anonieme feedback van alle deelnemers. Door voorgestelde veranderingen door te voeren op basis van deze feedback, voelt het team zich gehoord en staat het meer open voor het geven van constructieve input.

Outside-In Perspectief en Netwerken: Nu we overgaan van een wereld gericht op materiële productie naar een kennismaatschappij ondersteund door AI en robotica, is continu leren van het grootste belang. De enige manier om relevant te blijven in dit veranderende landschap is door een leven lang leren te omarmen. Alvin Toffler's voorspelling dat de analfabeten van de 21e eeuw degenen zullen zijn die niet kunnen leren, afleren en weer aanleren, is relevanter dan ooit.

De Uitdaging van Verandering Omarmen: Bill Clinton stelde in zijn inauguratietoespraak een aangrijpende vraag die vandaag nog steeds relevant is: Kunnen we verandering tot onze bondgenoot maken in plaats van onze tegenstander? Het is een vraag die door de geschiedenis heen weerklinkt en in ons leven blijft resoneren.

Losbreken uit Comfortzones: Marina Cuesta herinnert ons eraan dat om iets te bereiken wat we nog nooit hebben gehad, we bereid moeten zijn om acties te ondernemen die we nog nooit eerder hebben genomen. In deze reis is het kiezen voor oncomfortabele groei boven comfortabele stagnatie belangrijk. Denk na over gebieden in uw leven of werk waar comfort u mogelijk tegenhoudt en overweeg welk ongemak nodig is voor groei.

Het Ideale Start-Up Team: Dave McClure's wijsheid benadrukt het belang van het samenstellen van een divers start-up team, bestaande uit hipsters, hackers en hustlers. Elk lid brengt een uniek perspectief: hipsters richten zich op esthetiek, hackers op functionaliteit en hustlers op uitvoering. De lean start-up aanpak, gericht op snelle lanceringen en gevalideerd leren, benadrukt het belang van wendbaarheid en aanpassingsvermogen.

De Gevaren van Verandering Weerstaan: De geschiedenis herinnerd ons eraan dat verandering de enige constante is. Toch blijft er weerstand tegen verandering bestaan in de samenleving, organisaties en individuen. In het bedrijfsleven leidt inertie vaak tot contraproductieve reacties tijdens uitdagende tijden. In plaats van zich te richten op klanttevredenheid en innovatie, worden er kostenbesparende en inefficiënte tactieken toegepast. Deze weerstand kan schadelijk zijn.

Onzekerheid Omarmen: Een gezondere benadering van verandering is erkennen dat alle tijden onzekere tijden zijn. Het tempo van verandering mag dan snel zijn, maar het blijft even waar dat de toekomst onvoorspelbaar is. Het leven is niet zwartwit; vaak is er geen duidelijke goed of fout, en zijn er meerdere scenario's mogelijk. In onze VUCA (Volatiel, Onzeker, Complex, Ambigu) wereld moeten we begrijpen dat de antwoorden niet altijd voor de hand liggen, en dat verandering tijd nodig heeft om resultaten op te leveren. Geduld en tolerantie zijn essentiële deugden.

De Noodzaak tot Verandering: Stagnatie is vaak de opmaat naar verval. Het Nederlandse spreekwoord "Hoogmoed komt voor de val" dient als een waarschuwing. We bevinden ons op een kritiek punt waarop we verandering moeten omarmen als een collectief geloof en een dialoog moeten starten over hoe een betere toekomst eruit zou kunnen zien. Gemeenschappelijke visie leidt tot verandering en vooruitgang.

Verandering Beheersen met een Kalme Geest: Om verandering minder intimiderend te maken, is het behouden van een kalme en gerichte gedachtegang belangrijk. Bij het nemen van beslissingen is het vaak beter om te beslissen en bij te sturen dan besluiteloos te blijven. Verantwoordelijkheid nemen voor uw overtuigingen en acties werkt bekrachtigend, net als het focussen op de fundamentele levensprincipes en het creëren van een harmonieuze uitvoering.

Omgaan met de Uitdagingen van Verandering: Twee belangrijke vooroordelen vormen uitdagingen tijdens verandering. De Ervaringsbias ontstaat wanneer eerdere ervaringen niet meer relevant zijn door veranderende omstandigheden. De Beschikbaarheidsbias benadrukt de noodzaak om plannen dubbel te controleren wanneer antwoorden te gemakkelijk komen. Beide vooroordelen vereisen waakzaamheid tijdens het veranderingsproces.

De Kracht van Geloof en Doorzettingsvermogen

Uitdagingen en weerstand hebben een bijzondere manier om vastberadenheid aan te wakkeren. Tegenover critici kan het vasthouden aan uw overtuigingen u vooruit stuwen. Wees vastberaden, neem verantwoordelijkheid voor uw gedachten en daden, en concentreer u op de reis in plaats van de bestemming.

Verandering Omarmen

In een wereld van constante transformatie is het omarmen van verandering en het creëren van een omgeving van vertrouwen, innovatie en samenwerking de weg naar een betere toekomst. Onthoud dat verandering niet de vijand is, het is een kans voor groei, ontwikkeling en blijvende impact.

Betekenisgeving: De Kracht van Helderheid

Eenvoud en Minimalisme: In communicatie herinneren de woorden van George Bernard Shaw ons eraan dat de aanname van effectieve communicatie vaak een illusie kan zijn. Werkelijke communicatie vereist helderheid en begrip, en gaat verder dan woorden.

De Kunst van Eenvoud: "Niets te doen, nergens heen te gaan." Deze woorden van Mark Nepo resoneren diep. Het accepteren van het huidige moment biedt de kracht om alles te bereiken en elke mogelijkheid te verkennen. Het is een oproep tot eenvoud en mindfulness, waardoor we het leven volledig kunnen omarmen.

Wijsheid van Visionairs:

- Leonardo da Vinci's tijdloze wijsheid weerspiegelt de essentie van eenvoud als de ultieme verfijning.
- Albert Einstein's advies benadrukt het om dingen zo eenvoudig mogelijk maar niet te simpel te maken.
- E. F. Schumacher trekt de lijn tussen complexiteit en genialiteit, en benadrukt de moed die nodig is om te vereenvoudigen.
- Charles Mingus onthult creativiteit in het vereenvoudigen van het gecompliceerde.
- Joshua Reynolds vindt de balans tussen te weinig en te veel, en benadrukt het belang van puur eenvoud.
- Colin Powell erkent grote leiders als bekwame vereenvoudigers die oplossingen bieden die iedereen kan begrijpen.

De Zoektocht naar Helderheid: Francois Gauthier benadrukt dat helderheid belangrijker is dan zekerheid. In een wereld waar verandering constant is, stelt helderheid ons in staat om effectief met onzekerheid om te gaan.

Evolutie van Schaarste naar Overvloed: In de geschiedenis van de mensheid is de wereld over gegaan van schaarste naar overvloed. De industriële revolutie leidde tot een overvloed aan goederen, wat onze perceptie van schaarste veranderde. In de 21e eeuw zijn we een tijdperk van ervaring in gegaan waarin we vervulling zoeken in immateriële en betekenisvolle aspecten van het leven. Paradoxaal genoeg kan deze overvloed aan keuzes tot angst leiden, wat een 'witte ruis' van opties creëert. De overvloed aan opties die overweldigend werkt.

Verlangen vs. Liefde: Een prikkelende stelling suggereert dat verlangen wellicht belangrijker is in relaties dan liefde. Liefde is een biologische behoefte, terwijl verlangen wordt gedreven door motivatie en ambitie. Dit concept strekt zich uit tot materiële bezittingen, waarbij het verlangen om te bezitten vaak de tevredenheid van het bezitten overstijgt.

Het idee van het vereenvoudigen van het leven en minder bezitten om rommel te verminderen en mentale helderheid te bereiken: Minder verzamelen en het loslaten van onnodige bezittingen kan leiden tot een vrediger en bewuster leven.

Fotografie en empathie: Fotografie wordt beschreven als een oefening in het vereenvoudigen van complexe landschappen tot eenvoudige verhalen. Het leert ook een essentiële les over empathie. De uitdaging om mensen geïnteresseerd te houden in iemands foto's is een weerspiegeling van onze inherente zelfgerichtheid. Om verbinding te maken met de emoties en verhalen van anderen is empathie belangrijk.

Contrast vergroot helderheid: De kracht van contrast bij het bereiken van helderheid wordt benadrukt. Door te begrijpen wat u niet wilt, kunt u uw verlangens verduidelijken en doel en richting in uw leven vinden.

Zelfzorg en positiviteit

Het belang van zorgvuldige selectie van waar u zich aan blootstelt wordt benadrukt bij zelfzorg. Constante negativiteit kan leiden tot verhoogde stress en een verzwakt immuunsysteem. Actief op zoek gaan naar positiviteit en goede invloeden, zelfs in moeilijke tijden, is een krachtige vorm van zelfzorg.

Woorden en Betekenisgeving: In tijden van crisis bieden effectieve leiders een duidelijk pad naar de toekomst. Door een aantrekkelijk en levendig beeld van de bestemming te schetsen, inspireren en motiveren leiders hun volgers. Dit proces van betekenisgeving is een katalysator voor actie en dialoog die op hun beurt vooruitgang stimuleren.

Mondiale Uitdagingen en Polarisatie: De moderne wereld kampt echter met een tekort aan effectieve leiders die betekenis kunnen geven en kunnen inspireren. Het gebrek aan robuuste debatten over kritieke kwesties en de uitdagingen van geopolitiek en polarisatie maken de zaken nog ingewikkelder.

De Rol van het Ubuntu Polder Framework: Het Ubuntu Polder Framework kan een structuur bieden voor het omarmen van eenvoud en helderheid in de zakenwereld en daarbuiten. Door de nadruk te leggen op empathie, helderheid en effectief leiderschap, kan het organisaties en samenlevingen begeleiden naar constructieve verandering. In een complexe en veranderende wereld kan het Ubuntu Polder Framework een baken van eenvoud en helderheid zijn, dat positieve transformaties mogelijk maakt.

Netwerken, Persoonlijke Groei, Routines Doorbreken

Verbindingen Maken: YPO en Netwerken

Het concept van het opbouwen van een netwerk kan vaak overweldigend lijken, maar het komt simpelweg neer op het hebben van vele interacties. Deze interacties kunnen verschillende vormen aannemen, van ongestructureerde ontmoetingen in uw dagelijks leven, zoals via hobby's, de school van uw kinderen, of evenementen, tot meer gestructureerde interacties zoals coaching en mentoring. Bij deze interacties is het heel belangrijk om een aandachtig luisteraar te zijn, waarbij u zich richt op het perspectief van anderen in plaats van het gesprek te domineren. Door vragen te stellen en te letten op wat u verrast tijdens gesprekken, creëert u ruimte voor reflectie en leren.

Het netwerk dat voor mij het meest waardevol is gebleken is YPO, de Young Presidents' Organization. YPO is een wereldwijde leiderschapsgemeenschap met meer dan 29.000 directeuren uit 130 landen, die zich allen inzetten voor het idee dat de wereld betere leiders nodig heeft. Deze leden hebben alle- maal vóór hun 45e de CEO-status bereikt en leiden gezamenlijk bedrijven en organisaties die USD 9 biljoen aan jaarlijkse inkom- sten genereren. De missie van YPO is het bevorderen van groei en verbetering, zowel in leiderschap als persoonlijk, door middel van *"peer to peer"* learning en unieke ervaringen binnen een inclusieve en op vertrouwen gebaseerde gemeenschap.

Wanneer u lid wordt van YPO, zult u een veelgehoorde uitspraak horen: "Hoe meer u erin steekt, hoe meer u eruit haalt." Dit principe geldt zowel voor YPO als voor het leven in het algemeen. Als iemand die het maximale uit het leven wil halen, ben ik altijd gericht geweest op het versnellen van mijn leerproces. Ik ontwikkelde op jonge leeftijd een persoonlijk leer- model, waarbij ik de waarde van leren van collega's erkende, wat verklaart waarom YPO mij aansprak. Aangezien ik mijn hele carrière, voor mijn 45ste , bij één bedrijf heb doorgebracht, verlangde ik naar verschillende zakelijke perspectieven. Hoewel leren door te doen krachtig is, kost het ook tijd. Om uw leer- proces te versnellen en te verbeteren, zou u ook moeten omgaan met en leren van anderen—extern gedreven leren.

Een van de kenmerkende eigenschappen van YPO is het Forum. Forums bestaan uit kleine groepen leden die samenkomen in een sfeer van vertrouwelijkheid, respect en vertrouwen om van elkaar te leren en ideeën uit te wisselen. YPO was pionier in het Forum-concept en biedt de gouden standaard ervaring. Leden kunnen ervoor kiezen om deel te nemen aan een "chapter"-, netwerk- of regionaal forum op basis van hun interesses. Forums komen maandelijks bijeen en organiseren een jaarlijkse ledenre- traite. YPO biedt ook Forums aan voor echtgenoten/partners en jongvolwassen kinderen. Voor mij is de Forum-ervaring een van de meest waardevolle en betekenisvolle aspecten van YPO.

Een Forum is vergelijkbaar met een Persoonlijke Raad waar u diverse perspectieven krijgt die u elders mogelijk niet tegenkomt. Alle Forumleden zijn zakelijke leiders die gelijken zijn zonder tegenstrijdige belangen. Hierdoor staan Forumleden voor vergelijkbare uitdagingen en houden zij zich bezig met zowel persoonlijke als professionele ontwikkeling. Forums volgen een gestructureerde aanpak, en potentiële leden krijgen een training voordat ze kunnen toetreden. Vertrouwelijkheid staat voorop, en er is een rostvaste overtuiging dat dit altijd zal worden gehandhaafd. Vanuit mijn ervaring halen alle Forumleden het maximale uit hun tijd samen, waarbij ze zich houden aan de hoge standaarden van het Forum.

Mijn Gepersonaliseerde Leeraanpak—Leiderschap in een Veranderende Wereld

Dit onderdeel gaat dieper in op de kernprincipes van bewust leiderschap, waarbij de tijdloze relevantie wordt benadrukt en tegelijkertijd wordt aangepast aan het dynamische landschap van transformatief zakendoen. Het onderzoekt hoe leiders een bewuste gedachtegang kunnen belichamen, in lijn met de filosofie van het Ubuntu Polder Framework, om ethische prak- tijken, inclusiviteit en duurzame besluitvorming te bevorderen. Dit manifest combineert tijdloze leiderschapswaarden met adap- tieve strategieën. Het biedt een basis voor een nieuw tijdperk van bewust zakelijk leiderschap.

In een wereld die wordt gekenmerkt door complexe uitdagingen in plaats van routinematige problemen, moeten leiders versto- orders zijn. Ze moeten verschillende perspectieven waarderen, geweldige vragen stellen en uitdagingen zodanig formuleren dat ze inspireren tot innovatieve oplossingen. Ze moeten verbinding maken en samenwerkingscapaciteit binnen hun organisaties creëren, betrokkenheid stimuleren en begrijpen wat hun organ- isatie uniek maakt. Overleven hangt af van aanpassingsver- mogen en het vermogen om verandering te stimuleren.

Ik houd er een gevarieerd leesregime op na, waarbij ik verschil- lende onderwerpen in verschillende talen verken. Mijn team maakt vaak opmerkingen over mijn leessnelheid, maar in werkelijkheid lees ik in een normaal tempo. Wat mij onderscheidt is mijn consistentie—ik lees regelmatig als onderdeel van mijn routine om tot rust te komen voor het slapen gaan. Het enige boek dat ik drie keer begon, maar nooit uitlas, is 'speed reading.'

Iedereen heeft zijn eigen tempo en benadering van leren. Ik heb mijn methode gedeeld, maar leren is geen doel op zich; het is een middel om de wereld beter te begrijpen, om meer mogelijkheden te zien. In combinatie met ons dagelijks leven brengt leren ons dichter bij wijsheid—het zinvol toepassen van kennis. Wijsheid stelt ons in staat om effectieve leiders te zijn in werk en privé, met positieve effecten voor families, organisaties en de samenleving als geheel.

De Kracht van Leren met behulp van al je zintuigen: Begrijpen hoe we informatie onthouden is belangrijk. Lezen leidt tot 20% onthouden, horen tot 30%, zien tot 40%, spreken tot 50%, en doen tot 60%. Echter, wanneer we visuele, auditieve en verbale leerervaringen combineren, onthouden we een opmerkelijk percentage van 90%. Dit benadrukt het belang om verder te gaan dan alleen lezen en actief betrokken te raken bij de wereld. Leiders moeten niet alleen leren aanmoedigen, maar ook hun teams motiveren om het vrijwillig op te pakken door hen de waarde aan te tonen.

De Rol van Wijsheid: Onze wereld hongert naar wijsheid om door uitdagingen te navigeren en beslissingen te nemen die gemeenschappen vooruit helpen, de natuur herstellen en banen creëren. In het Ubuntu Polder framework staan leren, toepassen wat we hebben geleerd, en leren van anderen centraal. Een bewust leven, rijk aan ervaringen, of het nu door ouderschap, reizen of proeven is, houdt ons in een voortdurende leer gedachtegang.

De Juiste gedachtegang: In het voortdurend veranderende landschap van de 21e eeuw is het aannemen van de juiste gedachtegang zeer belangrijk. Het is een gedachtegang die leren, afleren en weer aanleren niet alleen als noodzaak verwelkomt, maar ook als een ingrijpende kans voor groei en voor het uiteindelijk creëren van een betere toekomst.

Routines Doorbreken - Omarm verandering en het Leven

David Bowie gaf ooit het wijze advies: "Speel nooit voor de tribune... Onthoud altijd dat de reden waarom u in eerste instantie begon met werken was dat er iets in u zat waarvan u voelde dat u, als u het op de een of andere manier zou kunnen uitdragen, uzelf en hoe u leeft met de samenleving beter zou begrijpen. Ik denk dat het verschrikkelijk gevaarlijk is voor een kunstenaar om aan de verwachtingen van anderen te voldoen — ze maken doorgaans hun slechtste werk als ze dat doen."

Als we door het leven gaan, kijken we vaak terug en herkennen we de diepgaande impact van ogenschijnlijk kleine momenten. Martin Lindstrom, een dierbare vriend, gerenommeerd auteur, marketinggoeroe en genoemd in *Time* magazine's Influential 100, noemt deze momenten "somatische markers." Voor mij was zo'n somatische marker een artikel dat ik las over routines, geschreven door een columnist die ik zeer bewonderde, René Diekstra.

Het Routine Dilemma: Diekstra's artikel wierp licht op het idee dat routines ons na verloop van tijd kunnen laten stoppen met het opmerken van de wereld om ons heen. Ze versnellen het levenstempo en duwen ons in een automatische modus. Ik verlangde ernaar het leven ten volle te leven, vergelijkbaar met het bedienen van een camera in volledig handmatige modus, waarbij ik bewust instellingen koos, me concentreerde op wat voor me lag en mijn aandacht richtte. Ik wilde in staat zijn om lenzen te wisselen, smalle of brede perspectieven vast te leggen en me aan te passen aan het steeds veranderende licht. In essentie streefde ik ernaar het leven volledig en bewust te leven.

De Sleutel tot Volledig Bewustzijn: Het consequent doorbreken van routines werd mijn kompas in het leven. Deze filosofie inspireerde mij om een carrière als expat te beginnen, en ik heb er nooit spijt van gehad. Als expat ontwortelen mijn familie en ik onszelf elke 3-5 jaar wanneer we van het ene land naar het andere verhuizen. Hoewel het ongemak van verhuizen onmiskenbaar is, is de ervaring van het verkennen van de wereld ongeëvenaard. Mijn persoonlijke filosofie en drijvende kracht zijn nauw verweven met dit idee: Maak van het doorbreken van routines een gewoonte om het leven ten volle te leven.

Routines Doorbreken Buiten het Reizen: Ik ben gaan inzien dat het doorbreken van routines niet beperkt blijft tot grote avonturen, maar ook kan worden toegepast op meer alledaagse aspecten van het leven. Gewichtsverlies dient als een uitstekend voorbeeld. Zorgen van mijn kinderen over mijn gezondheid brachten mij ertoe mijn routine te veranderen. Ik verloor 20 kilogram door mijn eetgewoonten aan te passen, een consistent slaapschema aan te houden, voldoende water te drinken en regelmatige lichaamsbeweging te introduceren. Echter, op een gegeven moment bereikte mijn lichaam een comfortabel evenwicht, en moest ik mijn nieuwgevormde eetroutine doorbreken om verdere vooruitgang te kunnen boeken.

De Yin en Yang van het Leven: Het concept van Yin en Yang is wijdverbreid in het Oosten en weerspiegelt de inherente dualiteit van het leven—goed en slecht, twee kanten van elk verhaal, en de relativiteit van de waarheid. Door dit principe te omarmen blijven we kalm en vinden we een gemeenschappelijke basis tijdens verhitte debatten. Deze dualiteit geldt ook voor routines; er zijn goede en slechte routines, en verandering, ongeacht de context, vereist bewuste inspanning.

Een Alledaags Voorbeeld: Zelfs de meest alledaagse routines, zoals scheren voor mannen, kunnen automatisch worden. Probeer de volgorde te veranderen de volgende keer dat u zich scheert, en u zult merken hoe onbekend en ongemakkelijk het aanvoelt. Routineverandering dwingt ons om aanwezig te zijn, om bewust bezig te zijn met de taak die voor ons ligt.

Een herinnering aan een gescheurde pees: De noodzaak om routines te doorbreken werd duidelijk toen ik een peesblessure in mijn pink opliep. De blessure vereiste zes tot acht weken immobilisatie voor een goede genezing. Plotseling werden alledaagse taken moeizaam, wat benadrukte hoezeer we op routines vertrouwen. Het diende als een duidelijk voorbeeld hoe ongemakkelijk het kan zijn om die vertrouwde patronen te doorbreken.

De kracht van doelgerichte gewoontes: Niet alle gewoontes zijn schadelijk. De sleutel is om gewoontes te ontwikkelen die uw groei bevorderen. Hieronder raad ik aan om er een gewoonte van te maken om routines te doorbreken wanneer het leven een reeks dagelijkse rituelen wordt. Het is een herinnering om verandering te omarmen, bewust te blijven en de ontdekkingsreis van het leven te omarmen.

Over Slaap

Verandering Omarmen en de Kracht van Verkwikkende Slaap:

David Bowie's Wijsheid: David Bowie deelt een waardevolle les over het bestrijden van de vijand van creatief werk—zelfgenoegzaamheid. Hij stelt voor om buiten uw comfortzone te treden, dieper in onbekende wateren te duiken en uw grenzen te verleggen. Het is precies op die plek waar uw voeten de bodem net niet kunnen raken, dat u klaar bent om werkelijk iets opwindends te doen.

Mijn Uitzondering: Slaap als Superkracht: Omdat de uitzondering de regel bevestigt, is het in mijn geval slapen. Ik heb altijd een vast slaapritme aangehouden en heb mijn slaap altijd nodig gehad. Lange tijd beschouwde ik dit als een zwakte, terwijl ik jaloers keek naar degenen die tot in de late uurtjes wakker konden blijven. Rond 9-10 uur 's avonds begin ik slaperig te worden en geef ik me gewillig over aan de slaap. In de afgelopen jaren ben ik echter gaan inzien dat mijn regelmatige slaappatroon geen zwakte is - het is mijn superkracht. Voldoende slaap zorgt ervoor dat ik goed uitgerust ben en een hoog concentratieniveau kan behouden tijdens de talloze vergaderingen overdag, een cruciale eigenschap voor een CEO. De noodzaak om consistent aanwezig te zijn en leiding te geven in vergaderingen vereist een aanzienlijk aandachtsspanne.

Het Belang van Slaap voor de Gezondheid: Een collega en vriend, Peter Noszek, een voormalig tennisser en buitengewoon fit persoon, kreeg een hartaanval voor zijn 50ste. Hij schreef dit toe aan een gebrek aan slaap. Zijn ervaring bevestigde mijn overtuiging dat het bewaken van de regelmatig slaappatroon een gezonde gewoonte is.

De Ochtendroutine: De dag goed beginnen is zeer belangrijk. Hoewel het boek "5am Club" zich richt op het exacte tijdstip van opstaan, is de belangrijkste les het volgen van een gezonde ochtendroutine. Het beoefenen van meditatie en beweging aan het begin van de dag zorgen voor een positieve toon. Het helpt uw stemming te verbeteren, geeft een gevoel van voldoening en vult uw werkdag met energie. Als leider beïnvloedt uw energie de mensen om u heen, daarom is het bevorderen van een cultuur van positieve energie een prioriteit geweest in mijn teams.

Mijn Ochtendritueel: Mijn persoonlijke ochtendroutine bestaat uit verschillende belangrijke elementen. Bij het ontwaken bereid ik een proteïneshake met koffie, neem ik een vitamine B-pil, en maak ik een mengsel van water met elektrolyten en mineralen, samen met een scheutje citroen, om tijdens mijn training te drinken. Daarna ga ik naar boven om mijn kinderen wakker te maken, soms zet ik voor hen een kop thee. Vervolgens begin ik aan mijn bewegingsroutine, of het nu een stevige wandeling is, een lichte workout, of een sessie op mijn Kickr indoor fiets.

Tijdens het sporten luister ik naar muziek of een podcast om in de flow te komen en denk ik na over de agenda van de dag en aankomende gebeurtenissen.

Belangrijke Gedachten Vastleggen: Tijdens mijn trainingsroutine zorg ik ervoor dat ik belangrijke gedachten die in me opkomen noteer. Deze aantekeningen dienen als basis om later dieper op deze ideeën in te gaan. Deze gewoonte stelt me in staat om bepaalde onderwerpen na verloop van tijd opnieuw te bekijken, wat stress vermindert en het begrip bevordert. "Er een nachtje over slapen," zoals het gezegde luidt, kan ongelooflijk nuttig zijn. Deze methode pas ik ook toe op mijn werk, studie en leerproces. Ik bekijk mijn aantekeningen regelmatig opnieuw om een grondig begrip van het onderwerp te krijgen, met verschillende herhalingen verspreid over de tijd. Wanneer een belangrijke toespraak, presentatie of examen nadert, maak ik persoonlijke samenvattingen en deel ik aantekeningen met vrienden, die vaak unieke perspectieven en invalshoeken bieden die ik mogelijk over het hoofd had gezien.

Pen en Papier: Opmerkelijk genoeg houd ik vast aan het gebruik van pen en papier voor dit proces, en geef ik hieraan de voorkeur boven typen op computers, laptops of telefoons. Deze tastbare benadering bevordert het beter onthouden en begrijpen.

Over Intelligentie

De Vele Facetten van Intelligentie: Voorbij IQ: Het is interessant hoe we in onze samenleving gefixeerd zijn geraakt op één facet van intelligentie, namelijk IQ. Echter, ik geloof stellig dat talent en intelligentie, hoewel belangrijk, overschat kunnen worden. In plaats daarvan vertrouw ik op discipline en tomeloze inzet als de werkelijke sleutels tot succes. Ons onderwijssysteem legt voornamelijk de nadruk op geheugen en IQ, maar in het bedrijfsleven en het leven in het algemeen zijn holistische intelligentie en bewustzijn van het grootste belang.

Mijn Vroege Bewustwording: Ik herinner me nog levendig hoe ik in 1995, tijdens de overgang van mijn opleidingsperiode naar de professionele wereld, in aanraking kwam met het baanbrekende boek *Emotional Intelligence* van Daniel Goleman. Dit boek raakte direct een gevoelige snaar bij mij. Ik vroeg me af waarom ons onderwijssysteem empathie niet had opgenomen in het curriculum. Empathie is een essentiële eigenschap voor succesvolle samenwerking en het voltooien van taken. Jack Ma heeft bijvoorbeeld zijn eigen versie van emotionele intelligentie, die hij "LQ" of "love quotient" noemt. Het benadrukt het belang van niet alleen zorg dragen voor uw klanten, maar ook liefde en zorg tonen voor uw team. Dit aspect wordt vaak onderschat, hoewel we allemaal erkennen dat gemotiveerde mensen beter presteren wanneer zij een gevoel van verbondenheid en oprechte betrokkenheid ervaren.

De Kracht van EQ en haar onderdelen: Ik was evenzeer onder de indruk van Shirzad Chamine's "Positive Intelligence" (PQ), dat het belang van emotionele zelfregulatie benadrukt. Het herkennen van negatieve emoties en het sturen naar een kalme, positieve, constructieve en creatieve toestand, aangeduid als "Sage mode," is zeer belangrijk. LQ, PQ en EQ zijn allemaal met elkaar verbonden, waarbij LQ en PQ dienen als onderdelen van emotionele intelligentie.

De Opkomst van BQ: Een ander intrigerend aspect, "Body Quotient" of BQ, wint aan populariteit. Het onderzoekt hoe ons lichaam voortdurend zintuiglijke prikkels ontvangt die, na interpretatie, onze emoties en uiteindelijk ons bewustzijn beïnvloeden. Naar uw lichaam luisteren, aandacht besteden aan onderbuikgevoelens, of fysieke reacties op emotionele prikkels opmerken, speelt een cruciale rol bij het vergroten van situationeel bewustzijn. Het concept "interoceptie" benadrukt het belang van het laten meewegen van uw onderbuikgevoelens in uw besluitvormingsproces. Deze bredere benadering van betekenisgeving kan van onschatbare waarde zijn.

De Rol van "Soft Skills": In de wereld van vandaag hebben we de neiging om de voorkeur te geven aan "hard skills" boven "soft skills", en ik geloof dat dit een wezenlijk probleem is in onze samenleving. Het overmatig focussen op hard skills in onderwijs, bedrijfsleven en de maatschappij in het algemeen is, naar mijn mening, een van de hoofdoorzaken van onze uitdagingen en de dreigende crisis in het consumentenkapitalisme. Deze verkeerde benadering zet ons op een ramkoers met de realiteit.

De Essentie van BQ in Jiu Jitsu: Jiu jitsu, een discipline die vertrouwt op het gebruik van het fysieke om energie te besparen en te zegevieren in gevecht, biedt een duidelijk voorbeeld waarom BQ vooraf zou moeten gaan aan EQ en IQ. Kinderen begrijpen de fundamentele principes van jiu jitsu vaak intuïtief omdat het aansluit bij hun aangeboren begrip van de natuur en de wetten van de wereld. Echter, als volwassenen worden we vaak onderworpen aan een methode die technieken opbreekt in stappen die we kunnen onthouden, waarbij IQ en EQ belangrijker worden gevonden dan BQ. Met oefening komen we in een toestand waarin we ons kunnen concentreren op de fysieke signalen van de tegenstander en instinctief kunnen reageren, vergelijkbaar met het zijn in de flow van BQ, EQ en IQ.

Luisteren naar Onze Zintuiglijke Aard: Mensen zijn van nature sociale en zintuiglijke wezens. Dit aspect wordt aangrijpend weergegeven in films zoals *Avatar*. Het zou voor ons duidelijk moeten zijn dat we gebruik moeten maken van onze inherente aard en niet moeten negeren wat ons lichaam ons vertelt. Het boek over de darmen als de "tweede hersenen" biedt verdere inzichten in deze verbinding.

De Kracht van Overtuigingen en Verhalen: Wanneer leiders met uitdagingen worden geconfronteerd, moeten zij feiten filteren en de meest relevante gegevens selecteren om een verhaal te construeren dat hun beslissingen en acties stuurt. Daarom is het selecteren van de juiste en relevante gegevens zeer belangrijk bij het vormen van een representatieve realiteit, wat leidt tot gefundeerde aannames en gedegen conclusies. Het is belangrijk om te begrijpen dat de verhalen die we onszelf vertellen onze overtuigingen vormen, die op hun beurt onze acties sturen. We beschouwen onze diepgewortelde overtuigingen vaak als de ultieme waarheid en handelen ernaar zonder regelmatig hun geldigheid te onderzoeken.

Daag Aannames Uit en Doorbreek Routines: De cruciale vraag die we onszelf moeten stellen is: "Wat weet ik niet dat mogelijk mijn gedrag beïnvloedt?" Dit gaat in essentie over het voortdurend uitdagen van onze aannames en er een gewoonte van te maken om routines te identificeren en te doorbreken.

Geluk

"Elke ochtend word ik wakker, verscheurd door het verlangen om de wereld te redden en de neiging om ervan te genieten. Dit maakt het moeilijk om de dag te plannen. Maar als we vergeten om van de wereld te genieten, welke mogelijke reden hebben we dan om haar te redden? Op een bepaalde manier moet het genieten op de eerste plaats komen." — *E.B. White*

"Tijd is een rivier die mij meesleurt, maar ik ben de rivier; Het is een tijger die mij vernietigt, maar ik ben de tijger; Het is een vuur dat mij verteert, maar ik ben het vuur." — *Jorge Luis Borges*

"We moeten leren te willen wat we hebben, niet te hebben wat we willen, om een stabiel en duurzaam geluk te bereiken." — *Tenzin Gyatso*

In een oprechte brief aan mijn zoon Louis verkent dit deel de diepgaande verbinding tussen bewust leiderschap en geluk. Het benadrukt het belang van het bevorderen van een bedrijfscultuur die prioriteit geeft aan het welzijn van individuen. Voortbouwend op persoonlijke ervaringen en reflecties, bevast de brief de essentie van hoe bewust leiderschap, zoals geïllustreerd door het Ubuntu Polder Framework, bijdraagt aan het collectieve geluk van teams en belanghebbenden. Het dient als ervan een duidelijk voorbeeld dat ethisch leiderschap hand in hand gaat met het creëren van omgevingen waar vreugde en voldoening floreren.

Samen vormen deze delen een overtuigend manifest voor bewust leiderschap binnen het Ubuntu Polder Framework. Ze bieden praktische inzichten, persoonlijke anekdotes en een visie voor leiders om niet alleen te navigeren door de complexiteit van transformatief zakendoen, maar ook om te leiden met een doel, ethiek en een oprechte toewijding aan het welzijn van alle betrokkenen.

Geluk kan worden ontwikkeld en is van essentieel belang om de dynamiek van betekenisvolle verandering te behouden. Statistiekgoeroe Hans Rosling toonde in zijn beroemde TED Talk aan hoe de mondiale ontwikkeling objectief gezien niets minder dan wonderbaarlijk is geweest. We hebben grote vooruitgang geboekt in het uit de armoede tillen van mensen, en toch zijn velen in onze wereld niet gelukkig. Ondanks dat ze beter leven dan koningen niet zo lang geleden, voelen ze dat ze achterblijven en nauwelijks kunnen rondkomen. Onze samenleving heeft ons opgevoed om altijd meer te willen, rijker te worden, meer te kopen en meer te hebben. De wereld moet heropgevoed worden. Ik heb geprobeerd mijn kinderen een evenwichtiger beeld van de wereld bij te brengen, en, zoals ik aan mijn oudste zoon Louis schreef, wetenschappers hebben geluk bestudeerd en hebben er een formule voor opgesteld.

Blijvend geluk: genen (44-50%) + omstandigheden & toeval (25%) + verzaameling van gewoontes (25%)

Het is waar dat ons veel wordt gegeven; we kiezen niet onze genen en omstandigheden & toeval aan het begin van ons leven. Daarom moeten we ons richten op wat we kunnen beheersen— onze gewoonten: geloof & levensfilosofie + familie + gemeenschap & vrienden + betekenisvol werk (verdiend succes en dienstbaarheid aan anderen). De mondiale ontwikkelingen waar Hans over spreekt hebben de omstandigheden van de meeste mensen verbeterd en hebben ervoor gezorgd dat de genen van de mensheid zijn verbeterd. Maar aan de verzameling van gewoontes moet iedereen individueel werken.

Arthur Brooks spreekt in zijn "Meaning and Happiness in Our New World" over het vermijden van ongezonde passies. Geld, roem, prestige, macht zijn ongezond omdat ze nooit genoeg zijn. De oplossing ligt in de tevredenheidsvergelijking $T=Hebben/Willen$, waarbij u ervoor moet zorgen dat H en W in balans zijn. De beste manier om dit te doen is door uw verlangens te beheersen.

U kunt tegelijkertijd gelukkig en ongelukkig zijn. De meeste mensen zijn behoudend en niet echt gelukkig omdat ze teleurstelling vrezen. Toch zou u, hoe moeilijk ook, nooit moeten uitstellen wat u droomt te doen om angst te vermijden; omarm het juist. Zie ANGST als Aannames Niet Gebaseerd op Specifieke Twijfels. Dus wanneer u kunt, heroverweeg, zoek nieuw bewijs en ga ervoor. Als iets niet uitpakt zoals verwacht, erken dan "Ik ben teleurgesteld," maar heb geen spijt. Erken en wees er trots op dat u niets verkeerd hebt gedaan. U heeft het geprobeerd, en als u de uitkomst niet kunt veranderen, besluit dan: 'Ik kies ervoor om de huidige omstandigheden te accepteren en verder te gaan.'

Andere cruciale ingrediënten voor het cultiveren van geluk zijn uitgerust zijn en de beoefening van dankbaarheid. Dwing uzelf daarom om voldoende hersteltijd in te bouwen voor optimale prestaties, net zoals atleten hersteltijd inplannen. Mijn herstelactiviteiten omvatten golf spelen, fotograferen en kleine reisjes plannen.

Wat betreft dankbaarheid, begrijp uw "waarom" voor het gevoel van dankbaarheid. Herhaal dit dagelijks en bouw het in in uw routines. Gedurende mijn carrière heb ik mijzelf er steeds aan herinnerd dat ik werkelijk dankbaar ben voor mijn gezondheid, mijn familie, wat ik doe, en het vertrouwen dat ik heb gekregen om mijn medewerkers en het bedrijf te laten groeien.

Sta mij toe te delen hoe ik dit heb beleefd. In onderstaande brief, die ik een paar jaar geleden aan mijn zoon stuurde, deelde ik enkele levenswijsheden met hem toen hij aan zijn studententijd in het buitenland begon. Maar met u wil ik verder gaan en inzichten delen voor gebruik in het bedrijfsleven. Ik voel de behoefte om een dialoog te starten met de volgende generatie leiders in deze wereld, aangezien de wereld vandaag de dag richtingloos en stuurloos aanvoelt. We moeten een debat voeren over hoe we vooruit kunnen gaan en ons bewustzijn kunnen herwinnen.

Mijn lieve zoon Louis,

Tegenwoordig worden we constant overspoeld met berichten van alle kanten en het is belangrijk om soms te vertragen en uit het continue lawaai te stappen.

Daarom stuur ik je enkele van mijn gedachten over het leven op de ouderwetse manier, een handgeschreven brief.

Ik wil beginnen met wat het belangrijkste is; Papa houdt van je en zal er altijd voor je zijn!

Je voelt je misschien niet altijd gehoord of begrepen door mij en daarvoor bied ik mijn excuses aan. Ik doe mijn best, op mijn manier, om je te begeleiden en voor te bereiden op het leven door je de lessen door te geven uit mijn eigen ervaringen, uit hoe ik ben omgegaan met wat het leven op mijn pad heeft gebracht, om je te helpen mijn fouten te vermijden en gelukkiger en succesvoller te worden in je leven!

Ik ben ook een tiener geweest en heb ook geworsteld met grote vragen zoals; wat is de betekenis van het leven, wie ben ik, ben ik goed genoeg, wat is mijn doel in deze wereld?

Ook al probeer ik mijn verhalen en waarden door te geven, je zal net als ik fouten maken. Want fouten maken is menselijk. Wanneer je dat doet: sta stil, denk erover na, leer ervan en ga een beetje wijzer verder.

In deze brief wil ik nogmaals enkele van mijn overtuigingen delen. Om het in welk levenspad dan ook te maken, moeten we goede relaties onderhouden met anderen, gebaseerd op vertrouwen. Wees daarom nederig, wees niet bang om vergeving te vragen en wees vriendelijk.

Omdat het leven ons voor vele uitdagingen stelt, heb ik geleerd hoe belangrijk het is om je eigen levensvreugde te beheren en te aanvaarden dat alles gebeurt met een reden. We moeten niet wachten op gouden kansen, maar goud vinden in de kansen die zich voordoen, vooral in het leren van onze fouten.

Veel wetenschappers hebben geluk jarenlang bestudeerd, en zij ontdekten de formule: 50% genen (oncontroleerbaar) + 25% omstandigheden & toeval (gedeeltelijk controleerbaar) + 25% gewoonten (volledig controleerbaar) = Geluk. De onderverdeling van gewoonten: Geloof + Familie + Vrienden + Betekenisvolle bezigheid. De betekenisvolle bezigheid brengt geluk door zowel het verdiende succes van je inspanningen, als door het dienen en helpen van anderen.

Het goede nieuws is dat je niet zoals Papa of Mama hoeft te zijn, je moet gewoon jezelf zijn.

Maar nogmaals, Papa en Mama zullen er altijd zijn om je te helpen begrijpen waar je ook mee worstelt.

Laat me eindigen met een citaat uit een boek van Dr. Seuss dat ik aan jou, Celina en Raphael voorlas toen jullie jong waren:

Today you are YOU,

That is truer than true,

There is no one alive,

Who is YOUer than YOU!

Ik hou van jou.

Papa Bruno

Mijn Ubuntu Polder Framework: Een Reis Voorbij Bedrijfsgrenzen

De beslissing om de overstap te maken van een bloeiende bedrijfscarrière naar het oprichten van mijn consultancy- en adviesbureau, Ubuntu, in het dynamische landschap van de VAE was een zeer belangrijk moment in mijn Ubuntu Polder reis. Na 27 jaar koersen door de complexe gangen van het bedrijfsleven, besefte ik dat de tijd was gekomen om mijn passie voor holistische bedrijfstransformatie om te zetten in een onderneming die in lijn lag met mijn visie voor positieve verandering.

Ubuntu, gevestigd in het hart van het Midden-Oosten, biedt mij een strategische basis om mijn bereik uit te breiden naar Azië, Afrika en Europa. De missie is duidelijk: samenwerken met bedrijven die streven naar het maken van een tastbare impact door digitalisering, duurzaamheid, circulariteit en ESG-principes in de kern van hun bedrijfsmodellen te verankeren. Deze verschuiving van ambitie naar realiteit vereist meer dan losse projecten; het vraagt om een alomvattende, gecoördineerde aanpak die zich vertaalt in financiële waarde.

De Katalysator voor Verandering: Het besef groeide dat bedrijven vaak aan de reis naar holistische transformatie beginnen maar uitdagingen ondervinden bij de uitvoering, wat leidt tot mislukte pogingen of versnipperde initiatieven. Mijn beslissing om Ubuntu op te richten werd gevoed door de wens om deze kloof te overbruggen en aspiraties om te zetten in tastbare, wederzijds voordelige resultaten. Via Ubuntu werk ik nauw samen met CEO's en leiderschapsteams om een WIN-WIN-WIN scenario te waarborgen, waarbij impactgedreven strategieën niet alleen het bedrijfsresultaat ten goede komen, maar ook gemeenschappen ten goede komen en de natuur behouden.

Expertise en Netwerken Benutten: Voortbouwend op mijn uitgebreide ervaring bij verschillende bedrijven en industrieën, breng ik een schat aan kennis mee in het doorvoeren van transformatie over de gehele end-to-end Waardeketen. Ubuntu is niet zomaar een adviesbureau; het is een samenwerkend ecosysteem dat gebruik maakt van een uitgebreid netwerk van experts om een holistische aanpak te leveren die aansluit bij de principes die in dit boek worden beschreven.

Gecoördineerde Holistische Aanpak: Het Ubuntu Polder Framework is niet alleen een theoretisch concept; het is de leidende filosofie achter elke opdracht. Ik werk nauw samen met leiderschapsteams om een gecoördineerde aanpak te waarborgen die de positieve impact op alle fronten maximaliseert. Van digitale integratie tot duurzaamheidspraktijken, van circulariteitsinitiatieven tot ESG-afstemming, de reis wordt strategisch in kaart gebracht, waarbij de onderlinge verbondenheid wordt benadrukt en er in elke stap waarde wordt gecreëerd.

Een Familiebesluit, een Lonende Reis: Verhuizen met mijn familie en beginnen aan dit ondernemersavontuur was een monumentale stap, gekenmerkt door zowel opwinding als uitdagingen. Helemaal opnieuw beginnen in een nieuw landschap is niet zonder complexiteit, maar de visie om bij te dragen aan een duurzame, impactvolle zakenwereld drijft de reis voorwaarts.

Nu Ubuntu voet aan de grond krijgt in de VAE, ontvouwt de reis zich als het bewijs van het geloof in "business as a force for good". Het Ubuntu Polder Framework is niet zomaar een raamwerk; het is een levensstijl, en via Ubuntu ben ik toegewijd aan het vormgeven van een toekomst waarin bedrijven floreren door waarde te creëren voor zichzelf, hun gemeenschappen en het milieu.

Bewust leiderschap: De volgende golf van positieve impact begeleiden

In de kern van het Ubuntu Polder Framework ligt een diep geloof in bewust leiderschap—een leiderschapsstijl die verder gaat dan het conventionele en streeft naar een positieve impact op de wereld. In het dynamische landschap van het huidige bedrijfsleven is bewust leiderschap geen keuze meer; het is een noodzaak. Nu ik aan deze transformerende reis met Ubuntu begin, is mijn toewijding aan het bevorderen van bewust leiderschap standvastig, wetende dat het een cruciale rol speelt in de vorming van het nieuwe paradigma van zakendoen.

De behoefte aan Bewust Leiderschap in een wereld die worstelt met complexe uitdagingen, van ecologische duurzaamheid tot sociale ongelijkheid, toont zich als een baken van hoop. Het gaat om leiders die zich niet alleen richten op winstmarges, maar die diep verbonden zijn met de onderlinge samenhang tussen bedrijfsleven, maatschappij en milieu. Het Ubuntu Polder Framework incorporeert van nature de principes van bewust leiderschap, met nadruk op samenwerking, empathie en een holistische benadering van bedrijfstransformatie.

Naast mijn rol als adviseur en consultant word ik gedreven door een passie om de leiders van morgen te begeleiden. In het besef dat de toekomst in handen ligt van ondernemers en dynamische jonge leiders, zet ik mij in om hen te mentoren op hun weg naar het creëren van een positieve impact in de samenleving. Door middel van mentorschap streef ik ernaar de waarden van bewust leiderschap over te dragen en hen te begeleiden bij het navigeren door de complexiteit van het moderne bedrijfsleven met een scherp gevoel voor doelstelling en verantwoordelijkheid.

Ondernemende Initiatieven met een Doel: Mentorschap gaat verder dan het overbrengen van kennis; het omvat het actief ondersteunen van ondernemers in hun ondernemingen. Of ze nu startups lanceren of dynamische projecten leiden, ik ben toegewijd om ervoor te zorgen dat hun initiatieven in lijn zijn met de principes van het Ubuntu Polder Framework. Het gaat erom een mentaliteit te bevorderen waarbij succes niet alleen wordt gemeten aan financiële winst, maar ook aan de positieve bijdrage aan maatschappij en milieu.

Een Holistische Benadering: Bewust leiderschap is geen op zichzelf staand concept; het is nauw verweven met de textuur van het Ubuntu Polder Framework. Via Ubuntu integreer ik principes van bewust leiderschap in elk advies- en consultancyproject, waardoor een domino-effect ontstaat dat zich uitstrekt voorbij de bestuurskamer tot in de wijdere wereld. Het doel is om leiders te inspireren die niet alleen organisatorisch succes stimuleren, maar ook bijdragen aan het welzijn van de samenleving en het behoud van onze planeet.

Een Toewijding aan Positieve Impact: Terwijl Ubuntu stevige wortels schiet in het landschap van advies en consultancy, blijft mijn toewijding aan bewust leiderschap en mentorschap standvastig. Het gaat niet alleen om het transformeren van bedrijven; het gaat om het koesteren van een generatie leiders die de transformerende kracht die zij bezitten herkennen en deze verantwoordelijk inzetten voor het grotere geheel. Het Ubuntu Polder Framework, gekoppeld aan bewust leiderschap, wordt een katalysator voor positieve verandering, en vormt een toekomst waarin bedrijven floreren door waarde te creëren in harmonie met de samenleving en de natuur.

Voluit Leven: Een Poëtische Reflectie

In onze reis naar holistische bedrijfstransformatie en het Ubuntu Polder Framework is het niet alleen zeer belangrijk om te focussen op de evolutie van bedrijven, maar ook op de persoonlijke groei en vervulling van individuen. De wijsheid van gerenommeerde dichters vangt vaak de essentie van de diepgaande waarheden van het leven. Laten we reflecteren op een gedicht van Pablo Neruda, een Chileense dichter wiens woorden resoneren met de "spirit" van het omarmen van verandering en het leiden van een rijk, betekenisvol leven.

Je sterft langzaam;
als je niet reist,
als je niet leest,
Als je niet luistert naar de geluiden van het leven,
Als je jezelf niet waardeert.
Je sterft langzaam:
Wanneer je je eigenwaarde doodt,
Wanneer je anderen niet laat helpen.
Je sterft langzaam;
Als je een slaaf wordt van je gewoontes,
Elke dag dezelfde paden bewandelend...
Als je je routine niet verandert,
Als je niet verschillende kleuren draagt
Of niet spreekt met mensen die je niet kent.
Je begint langzaam te sterven:
Als je het vermijdt om passie te voelen
En hun turbulente emoties,
Die je ogen doen glanzen
En je hart snel doen kloppen.
Je begint langzaam te sterven:
Als je niet het veilige voor het onzekere riskeert,
Als je niet achter een droom aangaat,
Als je jezelf niet toestaat
Ten minste één keer in je leven
Weg te rennen van verstandig advies...
Laat jezelf niet langzaam sterven,
Vergeet niet gelukkig te zijn!

HOOFDSTUK 6: CONCLUSIE: HET OMARMEN VAN HET UBUNTU POLDER FRAMEWORK VOOR HOLISTISCHE IMPACT

BLAUWDRUK VOOR DUURZAAM SUCCES IN HET DIGITALE TIJDPERK

Ik wil mijn diepe dankbaarheid uitspreken dat u mij hebt vergezeld op deze verhelderende reis door het Ubuntu Polder Framework, een benadering die het streefdoel van het bedrijfsleven herdefinieert en ons uitdaagt om een meer bewuste ethische en duurzame benadering van leiderschap en leven te omarmen. Nu we dit betoog afsluiten, laten we reflecteren op de kernprincipes, de dringende behoefte aan verandering, en de waardevolle inzichten uit deze nieuwe manier van zakendoen, allemaal ondersteund door de voordelen van bewust leiderschap, de omarming van digitale technologie, en het belang van het begrijpen van alle belanghebbenden in het bedrijfsleven.

Het Omarmen van Onzekerheid en Verandering

In een wereld die wordt gekenmerkt door onophoudelijke onzekerheid en snelle verandering, moeten we eerst erkennen dat het omarmen van onzekerheid de sleutel is tot vooruitgang.

Verandering moet niet worden gevreesd; het moet worden omarmd als een avontuur vol onontdekte mogelijkheden. In dit dynamische landschap is het niet noodzakelijk om alle antwoorden te hebben; in plaats daarvan is het zeer belangrijk om de juiste vragen te stellen en te luisteren naar de omgeving en de spanningen in het leven van onze consumenten.

De Kracht van Bewust Leiderschap

Bewust leiderschap vormt de hoeksteen van het Ubuntu Polder Framework. Leiders van het nieuwe tijdperk worden gekenmerkt door vertrouwen, empathie, actief luisteren en een standvastige toewijding aan het welzijn van hun teams. Vertrouwen, verankerd in meritocratie, fungeert als de hoeksteen van deze leiderschapsstijl, en bevordert productiviteit, inclusiviteit en eenheid. Leiderschap gaat niet om de leiding hebben, maar om zorg dragen, individuele talenten erkennen en het bevorderen van wederzijdse steun en loyaliteit binnen teams.

Een Polder kader voor het Bedrijfsleven

Het Ubuntu Polder Framework overstijgt het traditionele bedrijfsmodel, dat lange tijd winst boven alles prioriteerde. Het pleit voor een holistische impact, waarbij het "hoe" net zo belangrijk is als het "wat," en succes niet alleen wordt gemeten aan financiële winst maar ook aan de ethische en duurzame integratie van deze principes in het bedrijfsmodel. Het herdefinieert bedrijven als force for good, met nadruk op het creëren van banen en het herstel van de natuur, wat waarde en betekenis brengt aan de samenleving.

Omarming van Digitale Technologie en AI

In dit digitale tijdperk is het noodzakelijk voor bedrijven om de kracht van technologie te benutten, inclusief kunstmatige intelligentie (AI). Deze hulpmiddelen bieden ongekende mogelijkheden voor innovatie, efficiëntie en inzicht. AI kan bedrijven helpen bij het analyseren van enorme hoeveelheden data, het voorspellen van trends en het nemen van datagedreven beslissingen die niet alleen de bedrijfsresultaten ten goede komen, maar ook de samenleving als geheel. Het is belangrijk om deze technologieën in te zetten voor het algemeen belang, om complexe problemen op te lossen en om bedrijven duurzamer en mee te laten aansluiten op de behoeften van alle belanghebbenden.

Inzicht in Alle Bedrijfsbelanghebbenden en het Vormen van Ecosystemen

Om het bedrijfsleven echt te transformeren, is het belangrijk om alle belanghebbenden te begrijpen en erbij te betrekken. Bedrijven staan niet op zichzelf; ze maken deel uit van complexe ecosystemen die klanten, werknemers, leveranciers, gemeenschappen en het milieu omvatten. Door deze belanghebbenden volledig te begrijpen, kunnen bedrijven ecosystemen van samenwerking en innovatie creëren om maatschappelijke kwesties aan te pakken. Deze ecosystemen moeten gebouwd zijn op de principes van vertrouwen, transparantie en gedeelde waarden. Door samen te werken kunnen bedrijven een grotere en blijvende impact hebben en problemen oplossen die de grenzen van individuele organisaties overstijgen.

Het Bevorderen van een Gemeenschappelijk Platform en Verhaal

Net als de dijken in Nederland staan de oude overtuigingen en instituten van de wereld onder toenemende druk, en het gebrek aan onderhoud en updates heeft geleid tot toenemende stress en angst op wereldwijde schaal. Een gemeenschappelijk platform en verhaal zijn belangrijk om een verschuiving in deze diepgewortelde overtuigingen teweeg te brengen en noodzakelijke veranderingen in gang te zetten om de toekomstige uitdagingen van de wereld aan te pakken.

Geleidelijke Verandering en Holistische Impact

Verandering hoeft niet abrupt te zijn; het kan geleidelijk gaan, zolang het maar in de juiste richting gaat en met vastberadenheid wordt ondernomen. We moeten niet wachten op magische oplossingen van buitenaf, maar moeten handelen binnen onze eigen invloedssfeer om positieve verandering teweeg te brengen. Samenwerking binnen ecosystemen van gelijkgestemde individuen en organisaties is belangrijk. Intrinsieke motivatie en een toewijding om een force for good te zijn, leiden tot zowel individueel als collectief geluk.

De Essentie van Ubuntu – "Ik ben omdat wij zijn"

Het Afrikaanse concept Ubuntu benadrukt onze onderlinge verbondenheid en het idee dat "Ik ben omdat wij zijn." Dit principe benadrukt het belang van eenheid en samenwerking. We moeten onthouden dat de het de essentie is van alle ondernemingen om een force for good te zijn, banen te creëren en bij te dragen aan het herstel van de natuur, waarbij holistische impact wordt bereikt en ethiek en duurzaamheid in het bedrijfsmodel worden geïntegreerd.

Het Belang van Leren en het Cultiveren van Bewustzijn

Leren is een voortdurende reis, en de synergie van nieuwsgierigheid en passie dwingt ons te experimenteren en te groeien. Het nastreven van kennis door formeel onderwijs, lezen, actief luisteren, het verwerven van nieuwe vaardigheden en zelfreflectie is belangrijk. Deze principes van leren door te doen bevorderen leiderschap dat niet alleen wordt gedreven door winst, maar ook door de wens om de samenleving te verbeteren.

Van Kortetermijndenken naar Probleemoplossing

De huidige nadruk op kwartaalresultaten en kortetermijndenken, gedreven door Wall Street, is wezenlijk onhoudbaar. We moeten verschuiven van een nauw streven naar financieel succes naar een bredere focus op probleemoplossing. Het Ubuntu Polder Framework daagt business schools uit om kritisch denken en maatschappelijke bijdrage te stimuleren, waarbij de focus verschuift van rijkdom naar verbeteren van de samenleving.

De Drie E's van Goed Werk - Excellence, Engagement, Ethics

De nieuwe generatie leiders moet de drie E's van Goed Werk belichamen: Excellence (uitmuntendheid) in hun gekozen vakgebied, oprecht Engagement (betrokkenheid) bij hun werk, en een sterk gevoel voor Ethics (ethiek) in hun handelingen, met trots gedeeld onder familie en vrienden.

Vertrouwen Opbouwen en Veerkracht Bevorderen

Vertrouwen is een meetbaar element van leiderschap, bestaande uit geloofwaardigheid, betrouwbaarheid en empathie, gedeeld door zelfgerichtheid. Leiders moeten tools en ondersteuning bieden voor zelfverbetering aan teamleden en open en eerlijke communicatie bevorderen om veerkracht op te bouwen, vooral in tijden van onzekerheid.

De Kracht van Nieuwsgierigheid en Passie

Nieuwsgierigheid leidt tot een diepe waardering voor de wonderen en magie van de wereld, terwijl passie het verlangen voedt om zich volledig in te zetten voor iemands streven. De natuurlijke progressie van nieuwsgierigheid en passie is experimenteren, wat kennis oplevert en aanstekelijk leiderschap bevordert dat anderen inspireert om opmerkelijke prestaties te leveren.

Tot slot vertegenwoordigt het Ubuntu Polder Framework, in het digitale tijdperk en met een diepgaand begrip van belanghebbenden en het ecosysteem, een transformatieve blauwdruk voor bedrijven. Het herdefinieert bedrijfsdoelstellingen, met nadruk op ethische en duurzame praktijken, en het ontwikkelen van bewuste leiders die zich inzetten voor een positieve impact op de samenleving. Terwijl we navigeren door een steeds veranderende wereld, fungeren het Ubuntu Polder Framework en bewust leiderschap als bakens van licht, die het pad verlichten naar een betere, meer duurzame toekomst. Bedrijven worden een force for good, verdienen geld en geven terug, en laten een onuitwisbare indruk achter op de wereld. De toekomst ligt in onze handen, en het is onze collectieve verantwoordelijkheid om deze te verbeteren.

Als zakelijke leiders staan we op een kruispunt van kansen en verantwoordelijkheid. Het Ubuntu Polder Framework nodigt ons uit om succes te herdefiniëren, niet als een individueel streven, maar als een gezamenlijke reis naar gedeelde welvaart. Laten we onze focus verleggen van eindige winsten naar oneindige impact. Omarm Bewust Leiderschap, verdedig de onderlinge verbondenheid van het bedrijfsleven, en begin aan de

Ubuntu Polder reis. Het is een oproep om niet alleen onze bedrijven te transformeren, maar de hele essentie van hoe we zakendoen. Bent u er klaar voor om een nalatenschap te creëren die door generaties heen weerklinkt? De tijd voor bewust handelen is nu. Laat Ubuntu onze beslissingen leiden, onze impact versterken, en laten we samen een toekomst bouwen waarin het bedrijfsleven niet alleen een force for good is, maar een kracht voor grootsheid. Dank u, en laten we samen aan deze transformatieve reis beginnen en Holistische Impact creëren.

OVER DE AUTEUR

Met een diverse internationale carrière van meer dan drie decennia heeft Bruno een diepgaande expertise ontwikkeld in holistische bedrijfstransformatie. Geboren en getogen in Nederland, begon Bruno aan een educatieve reis in Frankrijk, waar hij bedrijfskunde studeerde voordat hij zijn carrière in het bedrijfsleven voortzette in Zuidoost-Azië, Zuid-Azië, Afrika en Zwitserland. Na een succesvolle 27-jarige carrière in verschillende senior leiderschapsrollen, richtte Bruno Ubuntu op, een adviesbureau gevestigd in Dubai, VAE, dat zich toelegt op het begeleiden van bedrijven door holistische bedrijfstransformatie. Ubuntu legt de nadruk op het verankeren van digitalisering, duurzaamheid, circulariteit en ESG in het hart van bedrijfsmodellen, wat Bruno's overtuiging weerspiegelt dat het bedrijfsleven een force for good kan zijn.

Naast het leiden van Ubuntu is Bruno een spreker en pleitbezorger van het Ubuntu Polder Framework, een baanbrekende aanpak die de nadruk legt op samenwerking en de onderlinge verbondenheid van de wereld om duurzame waarde te creëren. Bruno's overgang van bedrijfsleiderschap naar ondernemerschap en adviserende rollen illustreert zijn toewijding om niet alleen mee te gaan met verandering, maar deze ook te stimuleren voor het algemeen belang.

Sinds januari 2024 heeft Bruno ook de rol van Vice President voor Centraal-Afrika bij Seaboard op zich genomen, waarmee hij zijn uitgebreide internationale ervaring verder verrijkt en zijn impact op mondiale bedrijfspraktijken voortzet.

Bruno's reis is een baken voor huidige en aankomende leiders, en toont aan dat het met ambitie, veerkracht en een vooruitstrevende mentaliteit mogelijk is om jezelf opnieuw uit te vinden terwijl je positief bijdraagt aan de samenleving en het milieu.

www.ingramcontent.com/pod-product-compliance
Lightning Source LLC
Chambersburg PA
CBHW020846210326
41597CB00041B/950